초등학교로 간 외계인

초등학교로 간 외계인

발행일 2024년 2월 24일

지은이　　| 김은비
발행인　　| 한향희
발행처　　| 도서출판 빨강머리앤
출판등록　| 제25100-2005-28호
주소　　　| 대구광역시 달서구 문화회관길 165, 대구출판산업지원센터 503호
전화　　　| (053) 257-6754
팩스　　　| (053) 257-6754
이메일　　| sjsj6754@naver.com
삽화　　　| 최유정

@ 김은비, 2024

＊이 책은 저작권법에 따라 보호받는 저작물이므로 무단복제를 금합니다.
＊이 책 내용의 전부 또는 일부를 이용하려면 반드시 저작권자와 빨강머리 앤의
　서면 동의를 받아야 합니다.

초등학교로 간 외계인

김은비 지음

펴내는 말

'우리 아이는 어떤 마음일까?'

초등학교에 입학한 우리 아이가 갑자기 말이 통하지 않는 외계인처럼 느껴질 때가 있습니다. 알쏭달쏭한 우리 아이의 마음을 알고 싶을 때, 부모는 어떻게 하면 좋을까요?

우리 아이가 초등학교에 입학하면 하루가 다르게 성장합니다. 중요한 점은 키가 쑥쑥 자라는 만큼 마음도 함께 성장하고 있다는 것입니다. 아이의 키가 자랄 때 성장통을 겪듯 아이의 마음도 성장하는 과정에 여러 가지 통증을 경험합니다. 아동기는 마음 성장에 결정적인 시기인 만큼, 부모와 깊은 마음을 소통하고 '감정'이라는 친구와 함께 살아가는 방법을 가르치고 배우는 것이 중요합니다. 학교 상담실에서 만난 마음이 자라나는 아이들, 그리고 아이의 마음이 어려운 엄마 아빠를 떠올리며 그 고민을 함께 나누고자 글을 엮었습니다.

〈초등학교로 간 외계인〉은 초등학생 저학년 아이와 학부모가 함께 읽는 심리·정서 발달 안내서입니다. 동화 속 '이드, 에고, 슈퍼'와 함께 '마음'을 찾아 떠나는 모험을 함께하며, 흥미롭게 아이의 마음을 탐구할 수 있습니다. 세 개의 장으로 나누어진 책에는 아이와 공감하는 소통 방법, 아이와 감정을 다루는 방법, 아이와 함께 성장하는 양육 방법이 담겨있습니다. 주제별 아이의 심리적 발달 특징과 꼭 알아야 할 심리학적 정보를 확인하며, [마음놀이]로 아이와 함께 마음을 이해하고 표현하는 활동을 할 수 있습니다. 아이와 부모가 함께 마음 동화를 읽으며 서로의 마음을 보살피며 성장하기를 기대합니다.

2024년 1월
김은비

등장인물 소개

외계인들
- **이드** 개구쟁이 이드! 눈치가 약간 없지만 재미있는 장난을 많이 쳐서 친구들에게 인기가 많다. 기분이 좋으면 멈추지 않고 춤을 출 수 있는 능력이 있다.
- **에고** 리더 에고! 다른 외계인의 마음을 알아차리는 능력이 있어서 외계인 별에서 리더 자격을 받았다. 항상 이드와 슈퍼 사이에서 다툼을 말리느라 바쁘다.
- **슈퍼** 모범 외계인 슈퍼! 이드와 자주 다투지만 그래도 가장 친한 친구이다. 다른 사람으로 변신하는 능력이 있지만, 누군가를 속이는 것 같아서 능력을 감춘다.

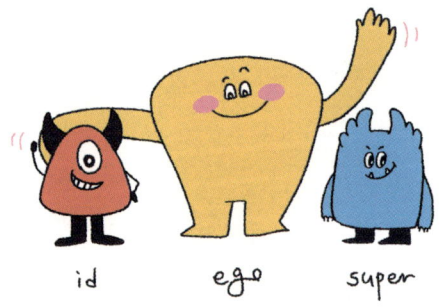

지구 아이들

- **하늘** 동그란 안경을 낀 여자아이. 과학 시간을 가장 좋아한다. 과학실에 두고 온 필통을 가지러 가다가 우연히 외계인들을 발견한다.
- **별이** 하늘이의 단짝 친구. 그림을 좋아하는 남자아이. 부끄러움이 많지만 외계인들의 마음을 확인하고 친구가 되기로 결심한다.

외계인 '이드, 에고, 슈퍼'는 프로이트의 정신 분석이론 심리 모델 3요소를 재구성한 등장인물입니다. 자유로운 영혼인 이드, 현실적인 에고, 양심적인 슈퍼 중 우리는 어떤 외계인과 비슷한가요?

원초아 (id)	현실적 여건을 고려하지 않고 즉각적으로 욕구를 충족하려는 충동성 "숙제가 엄청 많지만, 지금은 놀고 싶어!"
자아 (ego)	현실적 여건을 고려하여 판단하고 욕구 충족을 지연하며 행동을 통제 "놀고 싶지만 우선 숙제를 먼저 끝내자."
초자아 (super-ego)	행동의 선악을 판단하는 도덕적 규범이나 가치관, 그리고 양심 "오늘은 꼭 숙제를 끝내기로 약속했어. 약속을 어길 수는 없어."

차 례

펴내는 말
등장인물 소개

마음을 모르는 외계인을 만났어!
아이와 부모의 마음이 통하는 소통 방법

1. 몸으로 말해요 : 비언어로 소통하는 적극적 경청   17
   [마음 놀이 1] 마음을 여는 거울 자세   19
   [마음 놀이 2] 몸으로 말해요   21
2. 마음으로 말해요 : 심리학자 로저스가 되어보기   23
   [마음 놀이 3] 로저스 아저씨는 '그랬구나!'   24
3. 공감하며 말해요 : 마음을 주고받는 대화 기술   26
   [마음 놀이 4] 진짜 공감 vs 가짜 공감   29

외계인과 친구가 되고 싶어!
아이와 부모가 마음을 다루는 방법

1. 마음을 다시 이해해요 : 처음부터 시작하는 감정 공부   41
   [마음 놀이 5] 나의 감정 무지개⑴   43
   [마음 놀이 6] 나의 감정 무지개⑵   45
   [마음 놀이 7] 감정 빙고   47
   [마음 놀이 8] 내 마음을 맞춰봐!   49
2. 마음을 마음껏 표현해요 : 마음이 열리는 감정 놀이   51
   – 감정을 수용하는 말하기 : '거울 말하기'   53
   – 감정을 방해하는 말하기 : '왜?' 질문하기   54

[마음 놀이 9] 오감으로 표현하는 나의 감정　58
[마음 놀이 10] 오늘 감정도 안녕?　60

3. 마음의 주인이 되어요 : 마음이 성장하는 감정 조절　62
    - 감정 조절이 어려운 이유와 부모의 역할　64
    [마음 놀이 11] 나의 감정 조절 Check list　65
    [마음 놀이 12] 비눗방울 호흡법　67
    [마음 놀이 13] 행복 상자 만들기　69
    [마음 놀이 14] 생각을 바꾸는 '긍정 모자'　70
    [마음 놀이 15] 행동을 바꾸는 'FDEP 기법'　72
    [마음 놀이 16] 감정을 조절하는 '역할 놀이'　74

비밀인데, 사실 나도 외계인이야!

아이와 부모가 함께 성장하는 양육 방법

1. 부모가 성장하는 세 가지 마음가짐　85
    (1) 아이와 정서적 독립 준비하기　85
    (2) 아이의 성장 가능성을 존중하기　86
    (3) 부모의 미해결 과제 확인하기　87
2. 아이가 성장하는 세 가지 양육 규칙　90
    (1) 아이와 부모 사이에 경계선 긋기　90
    (2) 합리적인 가족 규칙 만들기　91
    (3) 이중 메시지 보내지 않기　92

부모님께 드리는 편지

〈사티어 자존감 선언문 : I AM Me〉　93
〈게슈탈트 기도문 : Gestalt Prayer〉　95
〈상담교사의 심리검사 추천〉　96

마음을 모르는 외계인을 만났어!

외계인 이드와 에고, 슈퍼는 늘 손을 잡고 다니는 사이좋은 친구예요.

에고는 손을 잡으면 다른 친구의 마음을 알 수 있는 능력이 있어서, 서로 다툴 일이 없었기 때문이에요.

그러던 어느 날 갑자기 에고의 <마음 능력>이 사라졌고, 그 후로 이드와 슈퍼는 매일매일 싸우기 시작했어요.

"이드는 맨날 자기 마음대로야!"

"슈퍼, 너도 마음대로 하면 되잖아!"

이드와 슈퍼가 다툴 때면 친구들의 마음을 알 수 없는 에고가 소리쳤어요.

"얘들아, 그만해! 나도 이제 너희 마음을 모르겠어!"

순간 외계인들 사이에 노랫말 같은 속삭임이 들려왔어요.

'지구에서 웃음소리가 가장 큰 곳으로 가면, <마음 능력>을 되찾을 수 있을 거야.'

조용히 속삭임을 듣던 이드, 에고, 슈퍼는 결심한 듯 서로를 바라보며 손을 잡았어요.

"우리 마음을 찾아 지구로 가보자!"

이드는 설레고, 에고는 긴장하고, 슈퍼는 걱정스러운 마음이었지만 외계인들은 여전히 서로의 마음을 알지 못한 채 지구로 출발했어요.

"얘들아, 드디어 도착했어!"

이드의 신난 목소리가 지구 하늘에 울렸어요.

"지구에서 웃음소리가 가장 큰 곳이 어딜까?"

에고의 말이 끝나지도 않았는데, 이드가 뛰어가며 점점 커지는 목소리로 말했어요.

"저기서 웃음소리가 들리는데? 노랫소리도 들려! 빨리 나를 따라와!"

에고와 슈퍼가 말릴 새도 없이 이드는 벌써 저 멀리 멀어져갔어요.

외계인들이 도착한 곳은 지구의 작은 초등학교였어요.

둥근 초록 잔디 위에 창문이 많은 노란 네모 상자 안에는 아이들의 웃음소리와 함께 노랫소리가 가득했어요.

"찾았다! 여기야! 여기가 제일 웃음소리가 크잖아!

여기서 에고의 능력을 다시 찾을 수 있다는 거지?"

언제나 힘이 넘치는 이드는 신난 듯 뛰어갔어요.

조심조심 주위를 둘러보는 에고와 슈퍼 앞을 이드가 가로막으며 말했어요.

"그럼, 빨리 <마음 능력>을 가진 지구인을 찾아보자! 빨리빨리!"

이드는 날아가듯이 빠른 걸음으로 운동장을 가로질러 달려갔고, 그 모습을 보던 슈퍼는 빨개진 얼굴로 소리쳤어요.

"이드야! 잠깐만 기다려! 왜 자꾸 네 마음대로 하는 거야?!"

아이와 부모의 마음이 통하는 소통 방법

"선생님! 우리 엄마 아빠는 제 마음을 몰라요."
"선생님! 우리 아이도 제 마음을 모를 거예요."

　상담실에는 마음에 대한 고민이 가득합니다. 아이도 부모도 서로 마음이 통하지 않아서 답답한 마음을 이야기하곤 합니다. 우리는 늘 소통하면서도 왜 서로의 마음을 알기가 힘든 걸까요? 눈이 보이지도 않고 말로 표현하기도 어려운 마음은 초등학생인 우리 아이에게는 더욱 어렵게만 느껴집니다. 우리 아이와 마음이 통하기 위해서는 글자를 배우듯 마음도 하나씩 이해하고 느끼며 표현하는 과정이 필요합니다.

　아이가 마음을 배우기 위해서는 부모의 역할이 가장 중요합니다. 만 6세 이전 유아기에는 부모가 아이와 신체접촉으로 소통하며 애착 관계를 형성하는 역할을 합니다. 아이가 자라 초등학교에 입학하는 6세부터 12세까지 아동기에 접어들면 신체접촉이 아닌 언어적·비언어적 소통으로 가족에서 나아가 의미 있는 관계를 확장하는 것이 중요한 과제가 됩니다. 실제로 아이가 학교에 입학하면 많은 부모가 아이의 또래 관계를 가장 걱정하는 것이 그 이유입니다.

　아동기 아이에게 가장 가깝고 유의미한 타인은 바로 부모입니다. 아이는 부모와 소통하고 관계 맺으며 자신의 세계를 확장하는 연습을 합니다. 이 장에서는 마음을 소통하는 방법을 안내합니다. 아이가 자신의 마음을 이해하고 표현하며 부모와 신뢰하는 유대관계를 형성하는 과정으로 아이의 마음 성장에 첫걸음이 될 것입니다.

1. 몸으로 말해요 : 비언어로 소통하는 적극적 경청

아이와 마음을 소통하기 위해서는 아이가 마음을 여는 과정이 먼저 이루어져야 합니다. '마음 열기'는 상담에서 가장 기본적이면서 중요한 과정입니다. 상담실에서 아이와 처음 만날 때면 아이와 마주 앉아 눈을 맞추며 반가운 미소로 마음의 문을 두드립니다. 때로 아이가 상담에 대한 두려움이 있거나, 목소리가 작은 경우에는 마주 보는 것이 아니라 아이와 90도 방향으로 앉아 가까이 다가가기도 합니다. 상담자가 적극적으로 아이의 이야기를 경청할 준비를 마치고 약간의 기다림을 지나면, 비로소 아이의 마음이 점차 열리게 됩니다.

아이가 마음을 열기 위해서는 부모와 아이의 관계에서도 적극적 경청 자세가 필요합니다. 아이와 마주하며 적극적인 경청의 자세를 보이는 것은 아이에게 존중과 애정을 전달하는 힘이 있습니다. 듣는 자세를 바꾸는 일은 어쩌면 작은 변화지만, 아이의 마음을 열고 부모와의 관계를 개선하는 데 큰 효과가 있습니다. 누구나 나의 말을 적극적으로 들어주는 사람을 신뢰하고, 그것이 부모일 때 아이는 무엇보다 큰 안정감을 느끼기 때문입니다.

적극적 경청은 곧 비언어적 표현으로 마음을 소통하는 방법입니다. 우리는 사실 온몸으로 말하고 있다는 것을 알고 있나요? 마음을 숨기고 싶어도 표정으로, 몸짓으로 새어 나오고는 합니다. 아이의 순수한 마음은 더욱 숨바꼭질이 어렵습니다. 행복한 마음은 초승달 모양으로 휘어진 눈웃음으로 나타나고, 화가 날 땐 얼굴이 붉어지며 주먹을 꽉 쥐기도 합니다. 두려운 상황을 마주할 때 '괜찮아요'

말하지만 어쩔 수 없이 손이 떨리고 땀이 나기도 합니다. 좋아하지 않는 사람이 있다면 대화는 하면서도 멀리 떨어져 앉거나 등을 돌리기도 합니다.

> 오늘은 아이와 어떤 대화를 나누었나요?
> 아이의 말과 몸짓이 전달하는 메시지가 일치하나요?
> 만약 말과 몸짓이 서로 다른 메시지를 전달하고 있다면,
> 아이가 말하고 싶은 솔직한 마음은 무엇일까요?

아이의 마음을 알아차리기 위해서 때로는 언어적 소통인 '말'보다 비언어적인 소통인 '몸짓'이 힌트가 되곤 합니다. 위 질문에 대한 답을 위해 아이의 비언어적 메시지를 확인하는 일을 '적극적 경청'이라고 할 수 있습니다. 비언어적으로 전달하는 간접적인 메시지를 포착하는 일은 아주 짧은 시간 안에 이루어지지만, 상당한 집중과 애정, 그리고 관심이 필요한 일입니다.

아이와의 소통에서 적극적 경청이 없다면 우리는 아이의 메시지를 절반만 알아차리는 반쪽짜리 대화를 하고 있을지도 모릅니다. 〈마음 놀이〉를 통해 적극적 경청을 이해하고, 아이와 함께 다양한 비언어적 소통을 이해하고 연습할 수 있습니다. 아이는 자신의 마음을 더욱 풍성하게 표현할 수 있고, 부모는 아이의 마음을 이해하는 마음 소통을 실천할 수 있습니다.

마음 놀이 1   마음을 여는 거울 자세

심리학자 이건은 경청 태도로 상담자의 기본자세 다섯 단계를 제시했어요. 그림을 보며 아이와 함께 적극적 경청 자세를 따라 해보세요. 아주 쉬운 자세이지만 서로 눈을 마주 보는 것만으로도 웃음이 나올지 몰라요.

준비물	의자 2개
놀이 인원	2명 이상
놀이 방법	① 부모(1인)와 아이가 마주 보며 의자에 앉아요. ② 아이가 먼저 평소 대화할 때 부모의 자세를 흉내 내요. ③ 부모는 거울이 되어 아이의 자세를 똑같이 따라 해요. ④ 이번엔 부모가 상담자 기본자세를 따라 해요. ⑤ 아이도 거울처럼 부모의 자세를 따라 해요. ⑥ 〈아이랑 마음 소통〉 질문과 대답을 나누어요.
놀이를 통해	자신의 경청 자세를 성찰하고 적극적 경청 자세를 연습할 수 있어요. 아이와 긍정적인 관계를 형성할 수 있어요.

Gerard Egan

상담자 기본자세 'SOLER'

- S(Squarely) : 내담자와 마주 본다.
- O(Open) : *개방적인 자세를 취한다.
- L(Leaning) : 가능한 내담자를 향해 몸을 기울인다.
- E(Eye contact) : 눈의 접촉을 유지한다.
- R(Relaxed) : 위의 네 가지 행동을 하는 동안 편안하고 자연스럽게 대한다.

개방적인 자세 & 폐쇄적인 자세

개방적인 자세
- 팔을 자연스럽게 무릎 위에 둔다.
- 손을 테이블 위에 얹는다.
- 몸을, 정면을 향해 둔다.

폐쇄적인 자세
- 양팔로 팔짱을 낀다.
- 테이블 위로 손으로 턱을 괸다.
- 몸을 정면으로 두지 않고 옆을 향한다.

아이랑 마음 소통

- 놀이 중 아이에게 질문을 해보세요.

  (폐쇄적인 자세를 취한 후)
  "내가 이런 자세로 네 이야기를 들으면, 기분이 어떠니?"

  (개방적인 자세를 취한 후)
  "내가 이런 자세로 네 이야기를 들으면, 기분이 어떠니?"

- SOLER 자세로 아이의 말을 들을 때 어떤 변화가 느껴지나요?
  부모님이 느낀 점을 아이와 이야기해 보세요.

마음 놀이 2 — 몸으로 말해요

우리에게 익숙한 놀이를 통해 비언어적 소통을 연습해요. 서로 몸짓으로 마음을 표현하는 방법을 알 수 있고, 가족이 내 마음을 알아줄 때 신나는 경험을 할 수 있어요. 우리 가족의 비언어적 소통을 좀 더 풍성하게 만들어 보아요.

준비물	스케치북, 굵은 펜, 타이머, 촬영용 핸드폰
놀이 인원	3명 이상
놀이 방법	① 부모(A)와 아이가 마주 본 상태에서 열 걸음 정도 떨어져 서 있어요. ② 부모(B)는 부모(A) 뒤에서 스케치북에 제시어를 10개 적어요. ③ 게임이 시작되면 부모(B)는 스케치북을 뒤집어 아이에게 제시어를 보여줘요. ④ 아이는 말하지 않고 몸으로 제시어를 표현하고, 부모(A)는 제시어를 맞춰요. ⑤ 제한 시간(5분)이 지나면, 역할을 바꿔서 다시 게임을 해요. ⑥ 제한 시간 내 더 많은 제시어를 맞춘 사람이 승리해요. Tip1 제시어는 〈마음 놀이 6〉을 참고하여 감정 단어를 적어보세요. Tip2 핸드폰으로 동영상 촬영으로 추억을 남겨보세요. 동영상이 너무 길다면 빠르게 재생되는 타임랩스 촬영을 추천해요.
놀이를 통해	아이와 함께 비언어적 표현을 연습할 수 있어요. 아이의 다양한 마음 표현을 이해할 수 있어요.

다양한 비언어적 표현

즐거워요!
행복해요!
신나요!

슬퍼요.
우울해요.
무기력해요.

화나요.
짜증나요.
답답해요.

두려워요.
걱정해요.
망설여요.

아이랑 마음 소통

- 놀이 중 아이에게 질문을 해보세요.
  "몸으로 마음을 표현하니까 느낌이 어떠니?"
  "가장 맞추기 어려운 마음이 무엇이 있었니? 너라면 어떻게 표현했을까?"

- 놀이를 통해 새롭게 알게 된 아이의 마음이 있나요? 아이와 이야기해 보세요.

2. 마음으로 말해요 : 심리학자 로저스가 되어보기

아이의 마음을 알 수 있는 마법 같은 주문이 있다면 얼마나 좋을까요? 아이와 상담하다 보면 아이의 솔직한 마음을 알고 싶은 부모님이 종종 마법 같은 상담 기술을 물어보곤 합니다. 그렇다면 우리는 누구에게 마음 깊은 이야기를 하나요? 우리 아이는 어떤 친구와 비밀 이야기를 할까요? 지금 머릿속에 떠오르는 사람이 있다면 그 사람은 아마도 가식적이지 않고, 나를 있는 그대로 존중하며, 내 생각과 감정에 공감하는 사람일 것입니다.

심리학자 로저스는 인간중심 상담을 창시하며 진실하고, 수용하며, 공감하는 사람이 되는 것이 최고의 상담 기술이라 말했습니다. 그는 상담에서 무엇보다 중요한 것은 상담자가 좋은 사람이 되는 것이며, 내담자와 좋은 관계를 맺는 것으로 효과적인 상담 결과를 이룰 수 있다고 설명합니다.

어쩌면 아이의 마음을 알 수 있는 마법 같은 주문이란 로저스의 마음이 아닐까요? 로저스가 제시한 세 가지 대표적인 상담 기법―진실성, 무조건적 긍정적 존중, 공감적 이해―을 실천하면서 아이와 좋은 관계를 형성한다면 분명 아이의 마음을 알 수 있을 것입니다. 〈마음 놀이〉를 통해 로저스의 마음을 이해하고 말하는 연습을 해보세요. 마치 상담자가 된 듯 아이의 마음을 알아가는 시간이 될 것입니다.

인간중심 상담 기법

Carl Ransom Rogers

- **진실성** : 타인을 대할 때 꾸밈이나 가식이 없는 태도. 타인에게 솔직한 표현으로 자신의 상태를 전달하는 것이다.
- **무조건적 긍정적 존중** : 타인과 타인의 말에 가치 판단을 하지 않고, 긍정적인 존재로 존중하는 태도이다.
- **공감적 이해** : '지금-여기'에서 타인의 입장을 느끼고, 자신이 공감적으로 이해한 것을 타인에게 전달하는 것이다.

| 마음 놀이 3 | 로저스 아저씨는 '그랬구나' |

로저스의 이론을 통해 마음이 통하는 대화를 위해서는 어떤 '말'을 하는 것보다 어떤 '마음'으로 하느냐가 중요하다는 것을 알 수 있어요. 아래 예시를 보고 아이와 함께 로저스의 마음으로 말하기 연습을 해보세요.

준비물	없음
놀이 인원	2명 이상
놀이 방법	① 요즘 아이의 고민이 무엇인지 물어보세요. ② 아이의 말을 듣고 '그랬구나' 대답해요. ③ 이번에는 부모가 아이와 관련한 고민을 이야기해요. ④ 아이가 부모의 말을 듣고 '그랬구나' 대답해요. Tip '그랬구나'라는 말을 통해 아이의 말과 행동을 '좋고 나쁨'으로 판단 하지 않고 있는 그대로 인정하고 존중하는 것이 중요해요.
놀이를 통해	아이의 마음을 존중하며 긍정적인 관계를 형성할 수 있어요. 아이를 공감적으로 이해하는 말하기를 연습할 수 있어요.

진실성	무조건적 긍정적 존중	공감적 이해
나는 지금 ~한 상태야.	그랬구나! 그럴 수도 있지~	너는 ~한 기분이겠구나. 네가 ~ 감정을 느꼈겠구나.

엄마, 오늘 학교에서 나랑 제일 친한 별이 알지?
별이가 그림을 그리길래 내가 그 옆에 조그맣게 하트를 그렸거든?
근데 별이가 그림을 망쳤다고 화를 내는 거야! 진짜 작게 그렸는데….
그래서 내일 별이 만나면 아는 척도 안 할 거야.

> 그랬구나.
> 엄마는 솔직히
> 하늘이 말을 들으니까
> 속상하네.

> 그랬구나.
> 별이에게 아는 척도
> 안 하고 싶구나?

> 오늘
> 별이가 화내서
> 너도 화났구나.

🧑‍🦰 아이랑 마음 소통

- 놀이 후 아이와 대화해 보세요.
 "내가 네 고민에 그랬구나~라고 대답하니 어떤 생각이나 기분이 들었니?"

- 만약, 아이의 고민을 해결해 주고 싶다면 아이에게 도움이 필요한지 물어보세요.
 "별이랑 화해하고 싶은데 어렵다면 내가 도와줄까?"

3. 공감하며 말해요: 마음을 주고받는 대화 기술

내가 다른 사람과 마음이 통했다는 것을 느낄 때 우리는 '공감한다'라고 말합니다. 하지만 우리는 상대방의 생각을 읽는 것이 공감이라 착각하기도 합니다. 사실 진짜로 공감한다는 것은 상대방의 생각을 맞추는 것이 아니라, 말과 행동 속에 숨어있는 마음을 찾아 함께 느끼는 것을 의미합니다. 생각 읽기와 마음 느끼기는 어떤 차이가 있을까요?

> 미술 시간에 짝꿍이 만들기를 어려워하길래 내가 알려줬는데, 친구가 나보고 잘난 척한다며 기분 나빠했어요. 나는 그냥 짝꿍한테 알려주고 싶었는데.... 내가 뭘 잘못한 걸까?

1. 너는 그냥 짝꿍에게 알려주고 싶었구나?	말 따라 하기
2. 친구한테 그런 말은 기분 나쁘다고 말하고 서로 오해를 풀어봐.	해결책 제시하기
3. 친구가 혼자 열심히 하는데 네가 갑자기 알려주니까 기분 나빴나 봐.	설명하기
4. 다음에는 친구에게 도움이 필요한지 물어보고 도와주는 게 좋겠어.	조언하기
5. 모르는 걸 알려줬는데 잘난 척한다고 말하다니 짝꿍이 나쁘네.	판단하기
6. 괜찮아. 친구도 지금쯤 너에게 그렇게 말한 걸 후회 하고 있을 거야.	안심시키기
7. 친구가 그렇게 말하니까 네 감정은 어땠어?	감정 확인하기
8. 너는 짝꿍한테 도움이 되는 친구가 되고 싶었구나.	욕구 확인하기
9. 네 이야기를 들으니까 엄청 속상한 마음이 느껴지네.	감정 표현하기

위 예시는 일상에서 자주 사용하는 공감 표현입니다. 이 중 내가 아이에게 자주 사용하는 표현이 있다면 표시해 보세요. 다양한 공감 표현에서 어떤 차이가 느껴지나요? 생각을 읽는 공감과 마음을 느끼는 공감의 차이가 보이나요?

1번부터 6번까지는 생각을 읽는 공감, 7번부터 9번까지는 마음을 느끼는 공감입니다. 아이의 생각을 읽어주는 것만으로도 아이와 좋은 대화를 할 수 있습니다. 하지만 생각을 읽는 공감은 아이의 마음보다 부모의 의도가 중심이 되므로 아이는 부모의 말에서 '마음'보다는 '내용'에 집중하게 됩니다. 또한 아이의 요구와 상관없이 아이의 상황을 '문제'로 인식하고, 이것을 부모의 관점에서 이해하고 해결하려는 방향으로 나아가기 쉽습니다.

생각을 읽는 공감의 가장 큰 단점은 아이가 부모의 말을 잔소리처럼 느끼고, 스스로 해결 방법을 탐색하는 기회도 잃어버릴 수 있다는 점입니다. 아이가 부모에게 고민을 이야기했는데, 잔소리가 돌아온다면 다음에는 자신의 고민을 이야기하지 않거나, 다른 친구에게 이야기하는 방법을 선택하게 됩니다.

마음을 느끼는 공감은 아이의 입장이 되어서 아이의 마음을 다시금 확인하는 것에서 출발합니다. 마음을 느끼는 공감 중 9번 '감정 표현하기'는 상담 기법 중 '반영'[1] 또는 '거울 기법'과 함께 이해할 수 있습니다. 부모가 아이의 말과 행동을 통해 아이의 마음이 되어 공감하면, 아이는 부모가 자기 말을 경청하고 있음을 느낄 수 있습니다. 그리고 자신의 숨겨진 감정을 알아차리고 마주할 수 있는 용기를 가지게 됩니다. 공감의 가장 중요한 효과는 무언가 답답하게 응어리진 마음이 탁 풀리는 듯한 정화[2]를 느끼는 것입니다. 이것이 공감의 힘입니다.

---

1) 반영은 내담자의 말, 행동 중에서 표현된 기본적인 감정이나 생각 및 태도를 상담자가 새로운 말로 부연해 주는 것을 말한다.
2) 정신 분석에서, 마음속에 억압된 감정의 응어리를 언어나 행동을 통하여 외부에 표출함으로써 정신의 안정을 찾는 일. 카타르시스(catharsis)라고도 한다.

상담교사의 작은 상담실

Q 아이의 마음은 공감하지만, 그래도 아이가 잘못한 점이 있다면 가르쳐야 하잖아요. 그럴 땐 어떻게 하면 좋을까요?

A 그렇죠. 아이의 마음에는 공감하지만, 잘못된 행동은 바로잡는 것도 중요해요. 만약 아이가 친구 관계나 학교생활에 대해 잘못한 점이 있어서 부모님의 설명과 조언이 필요할지라도, 우선은 먼저 아이의 마음에 공감해 주세요. 아이가 부모가 자신의 마음을 이해한다고 생각할 때, 부모와의 대화에서 저항을 줄이고 잔소리가 아닌 가르침으로 이해할 수 있어요. 아이와 부모님과 관계가 어긋나면 어떤 교육도 어려워져요. 아이의 잘못한 점을 직접적으로 지적하기보다 '혹시 엄마 아빠가 도와줬으면 하는 부분이 있니?' 혹은 '다음에 비슷한 일이 생긴다면 어떡하지?' 물어보세요. 우리도 그러하듯 아이도 자신의 감정을 이야기하고 공감을 받으면 차분한 마음으로 돌아와 스스로 해결 방법을 생각할 수 있는 상태가 되어요. 부모님의 걱정과 달리 아이들은 학교에서 여러 가지 시행착오를 겪으며 자기만의 해결 방법을 찾아가고 있어요. 그리고 때로는 자신의 감정을 이야기하고 부모님이 공감해 주는 것으로 충분해서 그 이상의 도움은 필요 없을 때도 있어요.

Q 생각을 읽어주는 공감이 익숙해서 마음을 읽는 공감이 어려워요.

A 사실 아이의 생각을 읽어주는 것만으로도 대단한 일이에요. 아이에게 좀 더 공감을 표현하고 싶다면 〈공감 반응〉을 함께 해보세요. 아이의 얼굴을 마주 보고 작게 고개를 끄덕이거나, '응, 그랬어?' 같은 짧은 추임새를 해보세요. 위로가 필요한 아이에게는 어깨를 가볍게 토닥여 주고, 기쁜 일에는 박수나 하이 파이브를 하고, 슬픈 일에는 아무 말 없이 옆에 있어 주는 것만으로도 충분히 공감할 수 있을 거예요. 그리고 '그때, 네 마음이 어땠니?' 질문으로 아이 스스로 자신의 마음을 돌아보고 이야기하는 기회를 주세요.

마음 놀이 4 — 진짜 공감 vs 가짜 공감

준비물	볼펜
놀이 인원	2명 이상
놀이 방법	① 부모와 아이가 생각하는 진짜 공감을 찾아 표시해 보세요. ② 아이와 충분한 대화를 통해 활동지 빈칸을 채워보세요.
놀이를 통해	아이의 일상에서 공감하는 대화를 찾아볼 수 있어요. 생각을 읽는 것이 아닌 마음을 느끼는 공감을 연습할 수 있어요.

다음 대화를 보고 진짜 공감이라고 생각하는 대화에 동그라미 표시를 해보세요.

> 아빠, 나는 축구보다 그림 그리는 게 더 좋은데
> 우리 반 남자애들은 쉬는 시간에 다 축구하러 운동장에 가거든?
> 그래서 혼자 교실에서 그림만 그려.

쉬는 시간엔 혼자 교실에서 그림을 그리는구나?	친구들 따라 운동장에 가서 구경하거나 같이 그림을 그릴 친구를 찾아봐.	네가 미술을 좋아하는 것처럼 친구들은 축구를 좋아하니까 운동장에 가고 싶을거야.
친구를 사귀려면 축구를 좋아하지 않아도 한 번쯤 해보는 게 좋을 거야.	쉬는 시간에 너만 두고 운동장에 가다니. 나쁜 친구들이구나?	사실 친구들도 너랑 같이 놀고 싶을 거야.
교실에 혼자 있을 때 기분은 어땠어?	너도 친구들이랑 같이 놀고 싶구나?	네 말을 들으니 심심하고 외로운 마음이 느껴지네.

최근 한 달 이내에 친구나 가족이 나의 마음에 공감했던 일을 떠올려 아래에 적어보세요.

언제?	
어디서?	
나는 어떤 상황이었나요?	
누가 공감하는 말을 했나요?	
어떤 말로 공감을 했나요?	
당시 나의 감정은 어땠나요?	

외계인과 친구가 되고 싶어!

이드와 에고, 슈퍼는 학교 창문에 붙어 지구별 아이들을 바라봤어요.

"여기서 진짜 <마음 능력>을 찾을 수 있을까?"

"누가 마음 능력자일까?"

"우리 손을 먼저 잡는 지구인이 마음 능력자일 거야."

이야기를 나누는 이드, 에고, 슈퍼에게 작은 그림자가 불쑥 끼어들었어요.

"너희는 누구야?"

"악! 깜짝이야!!"

갑작스러운 목소리에 이드와 에고, 슈퍼가 차례로 넘어졌어요. 천천히 고개를 들어보니 지구인 하늘이가 안경을 만지며 외계인들을 바라보고 있었어요.

외계인들과 하늘이는 서로 한참을 바라봤어요.
'처음 보는 아이들인데…. 여기서 뭘 하는 거지?'
'쟤는 왜 자꾸 날 보는 거야. 싸우자는 거야?'
그때 하늘이가 이드의 손을 잡으며 말했어요.
"괜찮아? 많이 놀랐지"
이드가 잡은 하늘이의 손은 아주 작고 따뜻했어요. 그리고 이드는 생각했어요.
'찾았다! 마음 능력자!'

에고와 이드, 슈퍼는 하늘이와 함께 운동장 구석에 앉았어요.
"난 에고, 여기는 이드와 슈퍼야. 우리는 우주별에서 왔어"
"난 하늘이라고 해. 여기엔 왜 온 거야?"
"여기에 내 <마음 능력>을 되찾을 방법이 있대"
"마음 능력? 그게 뭔데?"
하늘이는 손가락으로 안경을 쓱 올렸어요. 안경 속 하늘이의 눈이 반짝 빛났어요.
"나는 친구의 손을 잡으면 마음을 알 수 있었어."
"마음을 알 수 있다니! 그런 능력이 있다면 정말 좋겠다! 그럼 거짓말하는 친구도, 나를 싫어하는 친구도, 좋아하는 친구도 모두 알 수 있을 텐데!"

"맞아. 그런데 갑자기 그 능력이 사라졌어…."

에고는 곧 울 듯한 목소리로 힘없이 말했어요.

"어떻게 하면 <마음 능력>을 찾을 수 있어?"

하늘이의 말 사이로 이드가 끼어들며 말했어요.

"그건 네가 알겠지! 아까 네가 내 손을 잡으면서 내 마음을 알아냈잖아!"

하늘이는 동그랗게 눈을 뜨고 양손과 얼굴을 동시에 좌우로 흔들었어요.

"아냐, 난 그런 능력 없어!"

"그럼 내 마음은 어떻게 알았어?"

"내가 갑자기 말을 걸어서 너희가 우르르 넘어졌잖아? 당연히 놀랐겠지!"

하늘이는 이드의 말이 이해가 안 된다는 듯 어깨를 으쓱였어요.

"하늘아! 거기서 뭐 해? 우리 놀자!"

하늘이를 발견한 별이가 뛰어왔어요.

하늘이는 별이에게 에고와 이드, 슈퍼를 소개했어요.

"여기는 내 친구 별이야. 그리고 외계인 친구들은 우주별에서 왔는데, <마음 능력>을 찾는대. 우리 학교에 누가 마음을 제일 잘 알까?"

하늘이의 말에 별이가 눈을 굴리며 잠시 생각했어요.

'나의 마음을 잘 아는 사람은…. 음 하늘이랑 준이, 우리 담임 선생님, 그리고 우리 누나도 가끔 내 마음을 알긴 해. 저번에 마술쇼 봤을 때 마술사 아저씨도 내 마음 잘 맞추던데….'

갑자기 별이가 좋은 생각이 난 듯 박수를 치며 말했어요.

"또또! 내 친구 또또는 처음 보는 친구 마음도 잘 알아!"

외계인들은 별이를 따라 학교 앞 문구점으로 갔어요.

그곳에서 만난 별이 친구 또또는 흰 털을 가진 큰 강아지였어요.

"또또를 소개할게. 또또는 내가 말하지 않아도 내 마음을 다 알아! 내가 기쁠 때는 꼬리를 막 흔들면서 반겨줘. 그리고 내가 슬플 때는 나에게 뽀뽀하면서 위로도 해줘."

"오! 또또야 안녕!"

이드가 또또에게 인사를 하자 또또가 길고 부드러운 꼬리를 날아갈 듯 흔들었어요.

"이드야, 또또도 널 만나서 반갑대! 그래서 꼬리를 흔드는 거야."

별이의 말에 이드도 엉덩이를 흔들면서 또또에게 인사를 했어요.

"나도 반가워! 이거 정말 멋진 인사야! 춤을 추는 것 같아!"

이드가 슈퍼에게 엉덩이를 흔들며 말했어요.

"슈퍼야 나 봐봐. 새로운 인사야!"

슈퍼는 마치 풍선이 '빵!'하고 터지는 것처럼 큰 소리로 말했어요.

"하지 말라고!"

슈퍼의 말에 초승달처럼 웃고 있던 이드의 눈이 점점 일그러졌어요.

"왜 소리를 질러!"

이드와 슈퍼는 서로의 마음을 모르는 채 계속 다투었고, <마음 능력>을 잃어버린 에고도 친구들의 마음을 알 수 없었어요.

'이제 정말 어떡하지?'

그때 별이가 이드의 손을 잡으면서 말했어요.

"이드는 그냥 신났을 뿐인데, 슈퍼가 화를 내면 속상하잖아"

하늘이도 슈퍼의 손을 잡으면서 말했어요.

"슈퍼도 빨리 <마음 능력>을 찾고 싶어서 답답할 거야"

그러자 이드와 슈퍼의 마음이 뻥 뚫린 하늘처럼 시원해졌어요.
"맞아, 나 속상해!"
"그래, 나도 답답해!"
이드와 슈퍼가 별이와 하늘이를 바라보며 동시에 말했어요.
"너희가 우리가 찾던 마음 능력자야! 분명해!"

아이와 부모가 마음을 다루는 방법

"선생님! 우리 엄마 아빠는 제 마음을 몰라요."
"선생님! 우리 아이도 제 마음을 모를 거예요."

아이가 초등학교에 입학하면 부모는 아이의 인지적 학습과 발달에 높은 관심을 가지게 됩니다. 하지만 아이의 마음 성장에 무엇보다 중요한 것은 인지와 정서의 균형적인 발달입니다.

아이의 심리·정서 발달에 가장 효과적인 방법은 '감정'을 배우는 것입니다. 감정이란 어떤 현상이나 일에 대하여 일어나는 마음이나 느끼는 기분입니다. 초등학교에 입학해 새로운 관계를 맺으며 그 속에서 다양한 감정을 마주하는 아동기는 감정 교육에 가장 결정적인 시기입니다.

가족치료의 어머니인 심리학자 사티어는 '감정'은 나(자아)를 표현하는 도구이며, 나의 행동을 결정한다고 말합니다. 우리는 감정을 통해 자신의 마음을 표현하고, 그것으로 다른 사람과 관계를 맺으며 살아갑니다. 그러므로 나의 감정을 이해하는 일은 곧 나를 알아가는 과정으로 이어집니다.

아이와 부모가 함께하는 감정 교육의 목표는 건강한 마음 성장입니다. 아이가 스스로 감정을 이해하고 표현하며 조절하는 능력을 증진하는 것은 곧 다채로운 삶으로 나아가는 일입니다. 감정 교육을 통해 아이는 자신의 마음 성장통을 치

유하고 친밀한 대인관계, 자존감 성장, 정서 지능을 개발할 수 있습니다.

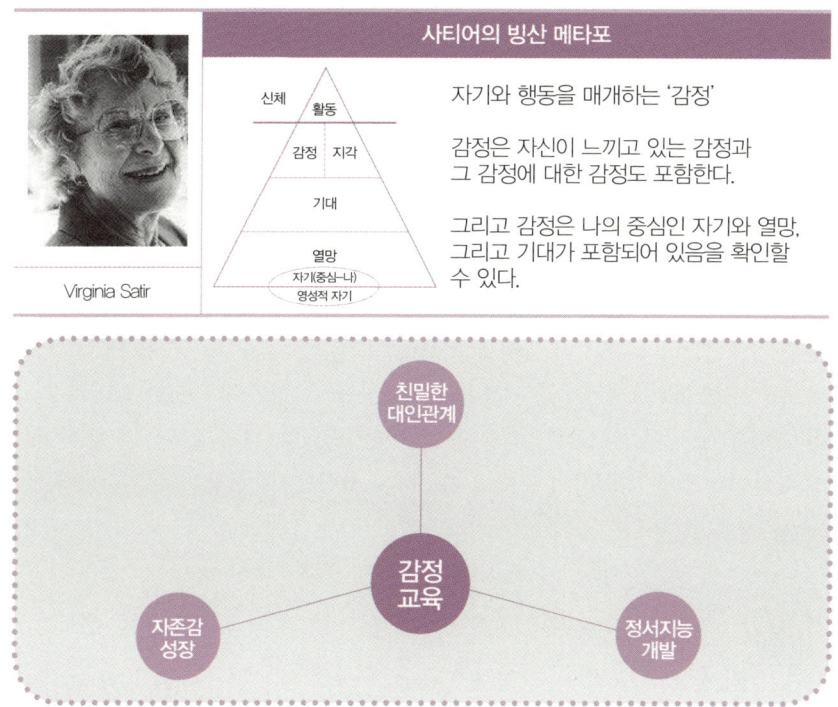

친밀한 대인관계를 위한 감정 교육

설리번의 발달단계에 따르면 초등학교 저학년 시기인 6~10세에는 또래 관계를 형성하려는 욕구, 고학년에 접어드는 10~12세에는 '단짝 친구'처럼 밀착된 관계로 표현되는 친밀감에 대한 욕구를 지니게 됩니다. 우리 아이는 초등학교 전 학년에 걸쳐서 '친구 사귀기' 목표를 수행하게 되는 것입니다. 감정 교육을 통해 자신의 마음을 표현하고, 타인의 마음을 이해하는 의사소통 능력을 증진한다면 친밀한 대인관계를 형성할 수 있습니다.

자존감 성장을 위한 감정 교육

감정 교육은 아이의 자존감 성장에 가장 쉬운 방법입니다. 감정을 이해하고 수용하는 과정은 자신을 이해하고 받아들이는 자아존중감을 형성합니다. 감정을 조절하는 과정은 자기 조절력으로 연결되어 성취감을 느낄 수 있습니다. 부모와 함께하는 감정 교육을 통해 아이는 자신의 인정 욕구를 충족하며 자아실현이라는 최종적인 성장 욕구를 충족하기 위해 노력할 것입니다.

정서 지능 개발을 위한 감정 교육

심리학자 골먼과 샐로비 & 메이는 '정서 지능[3]'이라는 개념을 통해 감정의 중요성을 강조했습니다. 자신의 감정을 이해하고 조절하는 능력을 증진하면 스스로 목표를 향해 동기화할 수 있는 사람으로 성장할 수 있습니다. 또한 타인의 감정을 이해할 때 대인관계를 관리하는 능력이 향상됩니다. 감정 교육을 통해 아이는 삶에 대한 역량을 강화하며 충분히 기능하는 사람[4]으로 성장할 수 있습니다.

'감성 지능은 감정을 적절한 시기에 적절한 방식으로 표현하는 방법이며, 타인에 대한 감정이입을 통해 그들과 일을 잘해나가는 능력이다.'

---

[3] 정서 지능이란 자신과 타인의 감정을 점검하고, 그것들의 차이를 변별하며, 생각하고 행동하는데 정서 정보를 이용할 줄 아는 능력이다. (Salovey & Mayer, 1990)

[4] 로저스의 인간 중심 상담이론에서 충분히 기능하는 사람은 더욱 적응적인 방향으로, 경험에 개방적인 자세로 계속해서 변화하는 과정 중에 있는 사람이다.

1. 마음을 다시 이해해요 : 처음부터 시작하는 감정 공부

인간의 여섯 가지 기본 감정

심리학자 에크만은 인간의 기본 감정으로 '공포, 분노, 행복, 혐오, 슬픔, 놀람'을 제시하였다.

'감정은 우리가 세상을 보는 방법과 타인의 행동을 해석하는 방법을 바꾼다.'

Paul Ekman

심리학자 에크만은 인간의 여섯 가지 기본 감정을 정의했습니다. 우리는 기본 감정 외에도 수많은 다양한 감정을 느끼고 있지만, 실제로는 몇 가지 감정만 제한적으로 사용합니다. 아이들과 상담할 때도 아이에게 '지금 어떤 기분이니?' 물어보면 '몰라요'라고 하며 대답을 피하거나, '그냥 좋은 것 같아요'라고 하며 확신이 없는 대답을 하기도 합니다. 또는 여러 가지 복잡한 감정을 단순하게 표현하고는 합니다.

> 소풍을 가서 즐겁고 / 기쁘고 / 설레는 감정 → '기분이 좋아요'
> 시험을 망쳐서 화가 나고 / 속상하고 / 괴로운 감정 → '짜증 나'

아동기에는 뇌가 발달하고 사회적 관계망이 확장되면서 아이에게 복잡하고 다양한 정보와 자극이 쏟아집니다. 그 속에서 우리 아이는 말로 설명하기 어려운 다양한 감정을 마주하게 됩니다. 이것이 아이의 마음 성장에 감정이 더욱 중요한 이유입니다. 상담 장면에서 아이가 자신의 마음이 정확히 무엇인지 이해하지 못한 경우에는, 아이가 현재 경험하는 심리적 문제와 내면의 욕구를 확인하기 어렵기 때문에 감정에 대한 교육이 우선으로 이루어집니다.

가정에서 부모가 아이에게 다양한 감정을 가르치기 위해서는 어떻게 하면 좋을까요? 가장 먼저 부모의 잠든 감정을 깨우는 작업이 중요합니다. 부모의 감정 단어가 다양할수록 아이에게 더욱 다채로운 감정을 무지개를 보여줄 수 있습니다. 〈마음 놀이〉를 통해 아이가 글자를 배우듯 감정도 처음부터 다시 배우며 익힐 수 있습니다.

마음 놀이 5 — 나의 감정 무지개(1)

준비물	볼펜, 일곱 가지 색연필
놀이 인원	2명 이상
놀이 방법	① 무지개 위 부모님이 알고 있는 감정 단어를 모두 적어보세요. ② 부모님이 자주 사용하는 감정 단어에 동그라미를 해보세요. ③ 아이가 자주 사용하는 단어에 세모 표시를 해보세요. ④ 부모님은 적지 않았지만, 아이가 알고 있는 감정이 있다면 빈 곳에 적어주세요. ⑤ 부모님과 아이가 자주 사용하는 감정이 서로 닮았나요? 함께 확인해 보세요. Tip 빨주노초파남보 무지개 각 색깔에 어울리는 감정을 적어보세요.
놀이를 통해	일상에서 느끼는 다양한 감정을 발견할 수 있어요. 아이가 몰랐던 새로운 감정을 학습할 수 있어요.

🧑‍🦰 아이랑 마음 소통

- 놀이 중 아이와 대화해 보세요.
 "우리가 아는 감정이 모두 몇 개일까?"

- 무지개를 채운 감정 중 긍정적인 감정과 부정적인 감정을 분류해 보세요.
 "내 마음속에는 긍정 감정과 부정 감정 중 어떤 감정이 더 많을까?"

- 만약 부정적인 감정이 더 많다면 아이가 실망하지 않도록 설명해 주세요.
 "부정적인 감정이 많은 게 나쁜 일은 아니야. 중요한 건 내 마음이 무지개처럼 알록달록하다는 사실이야."

마음 놀이 6 — 나의 감정 무지개(2)

준비물	볼펜
놀이 인원	2명 이상
놀이 방법	① 아이와 함께 감정을 소리 내어 읽어보세요. ② 아이가 새롭게 알게 된 감정에 동그라미 표시를 해보세요. ③ 동그라미 친 감정을 아이에게 설명해 보세요. Tip1 오른쪽 색칠된 9개 감정은 타인과 상호작용할 때 자주 느끼는 감정이에요. 이 감정을 충분히 이해하고 표현하는 연습으로 또래 관계 형성에 도움이 될 수 있어요. Tip2 교육용으로 판매하는 초등용 감정 카드를 구매해 활용해도 좋아요.
놀이를 통해	다양한 감정을 이해하고 말로 표현할 수 있어요.

🧑 아이랑 마음 소통

- 놀이 중 아이와 대화해 보세요.

"우리가 아는 감정이 점점 늘어나고 있네"
"너는 어떤 감정이 제일 좋아? 그 이유는 뭘까?"

"엄마(아빠)는 이 감정이 제일 좋아. 그 이유는 ~"
"네가 자주 느끼거나 말하는 감정이 있어?"

"엄마(아빠)가 제일 많이 말하는 감정은 뭐야?"
"이 감정은 언제 느껴봤니?"

"엄마(아빠)는 이럴 때 이런 감정을 느꼈어."

설레다	즐겁다	기쁘다	신나다	행복하다	**사랑스럽다**
감동하다	안심하다	만족스럽다	뿌듯하다	편안하다	**고맙다**
자랑스럽다	자신만만하다	재미있다	기대하다	무기력하다	**어색하다**
피곤하다	놀라다	긴장한다	두렵다	황당하다	**걱정하다**
무섭다	불안하다	혼란스럽다	아쉬워하다	속상하다	**미안하다**
실망한다	심심하다	슬프다	외롭다	우울하다	**서운하다**
허전하다	서럽다	쓸쓸하다	막막하다	부끄럽다	**부럽다**
답답하다	괴롭다	곤란하다	불편하다	지루하다	**밉다**
부담스럽다	화나다	짜증 나다	억울하다	후회하다	**원망스럽다**

마음 놀이 7 — 감정 빙고

준비물	종이, 볼펜
놀이 인원	2명 이상
놀이 방법	① 5X5 빙고를 그리고 빈칸에 감정 단어를 써요. ② 가위바위보를 하고 이긴 사람부터 감정 단어를 말해요. ③ 빙고 칸에 감정 단어가 있다면 동그라미 표시를 해요. ④ 돌아가면서 감정 단어를 말하고, 빙고를 표시해요. ⑤ 먼저 세줄 빙고를 완성한 사람이 승리! Tip1 아이가 놀이를 어려워한다면 3*3 빙고를 그려 단어 수를 줄여요. Tip2 게임 난이도를 올리려면 감정 단어를 직접 말하지 않고, 감정 퀴즈와 함께 진행할 수 있어요. (예: 내 생일에 느끼는 감정→행복하다)
놀이를 통해	다양한 감정을 직접 말해보며 학습할 수 있어요.

행복하다	화나다	뿌듯하다
미안하다	즐겁다	무섭다
밉다	즐겁다	부럽다

무섭다	답답하다	기쁘다
짜증나다	화나다	행복하다
미안하다	억울하다	슬프다

아이랑 마음 소통

- 빙고 게임에 여러 가지 조건을 만들어 보세요.

"이번 게임은 자기가 좋아하는 감정만 빙고에 채워보자"
- 게임 후 "이런 감정을 좋아하는구나?"

"이번엔 내가 싫어하는 감정만 빙고에 채워보자"
- 게임 후 "이런 감정을 싫어하는구나?"

"마지막 게임은 새롭게 알게 된 감정만 빙고에 채워보자"

마음 놀이 8 　 내 마음을 맞춰봐!

　　사진과 카메라 등 다양한 매체를 활용한 감정 이해 놀이를 소개해요. 감정 교육에 매체를 활용하면 아이가 더 재미있고 흥미롭게 참여할 수 있어요. 이 놀이를 통해 같은 상황에서 서로 다른 감정을 느낄 수 있고, 같은 감정도 다양하게 표현할 수 있음을 깨달으며 감정에 대한 관점 차이를 이해할 수 있어요.
(Tip. [마음 놀이 6]의 감정 표 대신 감정 카드를 구매해 놀이에 활용할 수 있어요.)

우리 가족 감정 찾기

준비물	가족사진 3장, [마음 놀이 6] 감정 표, 메모지, 볼펜
놀이 인원	3명 이상
놀이 방법	① 감정 표를 펼쳐두고 가족이 함께 찍은 사진을 함께 봐요. ② 가족(A)은 당시의 감정을 떠올려 보고 메모지에 감정을 적어요. ③ A를 제외한 나머지 가족들이 사진 속 A의 감정을 추측해 메모지에 감정을 적어요. ④ 하나, 둘, 셋을 외치로 가족들이 동시에 메모지를 펼쳐요. ⑤ A의 감정을 맞춘 가족은 1점을 획득해요. ⑥ 가족이 돌아가며 총 3장의 사진으로 놀이를 한 후 가장 많은 점수를 얻은 사람이 승리!
놀이를 통해	가족의 추억을 되새기며 긍정적인 관계를 형성할 수 있어요. 실제 인물의 표정과 몸짓을 보며 타인의 감정을 이해할 수 있어요.

감정을 찍는 셀프 카메라

준비물	핸드폰, [마음 놀이 6] 감정 표, 메모지, 연필
놀이 인원	2명 이상
놀이 방법	① 감정 표를 펼쳐두고 각자 메모지에 감정 단어 4개를 골라 적어요. ② 메모지를 다른 사람이 못 보게 덮어두어요. ③ 가위바위보를 해서 진 사람(A)부터 4개의 감정을 표현한 셀프 카메라(셀카)를 찍어요. ④ A를 제외한 가족들은 A의 셀카를 보며 메모지에 예상 감정을 적어요. ⑤ A의 감정을 맞춘 사람은 1점을 획득해요. ⑥ 가족들이 돌아가며 게임을 진행한 후 가장 많은 점수를 얻은 사람이 승리!
놀이를 통해	타인의 표정을 통해 감정을 이해하는 방법을 학습할 수 있어요.

감정 텔레스트레이션

준비물	스케치북, [마음 놀이 6] 감정 표, 매직펜, 메모지, 볼펜 (또는 보드게임 텔레스트레이션)
놀이 인원	4명 이상
놀이 방법	① 각자 메모지를 3장씩 가지고, 무작위로 감정 단어 3개를 적어요. ② 12장의 메모지를 안 보이게 덮어두어요. ③ 가위바위보를 해서 진 사람(A)은 감정 단어를 하나 뒤집어 확인하고 스케치북에 그림을 그려요. (제한 시간 1분) ④ A가 오른쪽에 앉은 B에게 스케치북을 넘기면, B는 A의 그림을 보고 감정 단어를 적어요. ⑤ B가 C에게 스케치북을 주면, B가 적은 단어를 보고 C가 그림을 그려요. (제한 시간 1분) ⑥ C가 D에게 스케치북을 주면 C의 그림을 보고 D가 감정 단어를 말해요.
놀이를 통해	타인의 다양한 감정 표현 방식을 이해할 수 있어요. 감정에 대한 자신과 타인의 관점이 다를 수 있음을 이해할 수 있어요.

2. 마음을 마음껏 표현해요: 마음이 열리는 감정 놀이

보드게임을 하다가 져서 화가 난 아이
수업 시간에 발표하기를 무서워하는 아이
동생이랑 다퉈서 부모님께 혼나다가 우는 아이

아이가 자유롭게 자신의 감정을 표현하기 위해서는 부모의 '감정 수용'이 중요합니다. 때로 부모는 아이에게 '이게 화날 일이야?', '열 살인데 아직 무서우면 어쩌니?', '왜 울어? 뭘 잘했다고 울어' 등 감정을 무시하거나 부정합니다. 이런 경우 아이는 '화난다', '무섭다', '억울하다'라는 감정은 잘못된 감정이라는 인식을 하게 되고, 혼란스러운 마음을 경험합니다. 자신의 감정을 부정당한 아이는 화나거나 무섭고 슬플 때마다 스스로 자책하거나 수치심을 느낄 수 있습니다. 심각한 경우에는 자신은 부모에게서 존중받지 못하는 사람이라는 자기 부정으로 이어지기도 합니다.

아이에게는 부모의 관점으로는 이해하기 어려운 마음들이 있습니다. 하지만 아이의 마음이 건강하게 성장하기 위해서는 '아이 마음 보호구역'이 필요합니다. 부모가 아이의 감정을 수용하는 일은 곧 아이를 존중하는 일이며 아이의 자존감 성장에 영향을 미칩니다. 우리 아이가 자신감 있고 당당한 모습으로 성장하길 바란다면 부모가 아이의 감정을 존중하고 아이 스스로 자신의 다양한 감정을 경험하도록 도와주어야 합니다.

아이의 감정을 수용하는 일은 긍정적인 삶의 태도와 연결됩니다. 부모가 아이의 감정을 있는 그대로 받아들이고 인정하는 모습을 보일 때, 아이도 자기 존중을 학습하게 됩니다. 심리학자 에릭 번은 네 가지 삶의 태도를 설명하며 자신과 타인을 긍정하는 생활 자세를 가장 건강한 것으로 설명합니다. 자신의 감정을 수용하며 존중하는 방법을 아는 아이는 동시에 타인을 존중하는 상호존중이 가능한 삶을 살아가게 됩니다.

네 가지 삶의 태도

Eric Berne

1. **자기 긍정–타인 긍정** : 가장 건강한 생활 자세이다. 상호존중이 가능한 삶을 살아간다.
2. **자기 부정–타인 긍정** : 자신을 무가치하고 무력한 존재로 인식하는 생활 자세이다. 타인에게 의존하는 삶을 살아간다.
3. **자기 긍정–타인 부정** : 타인을 무시하며 심리적인 우위를 가지려는 생활 자세이다. 타인을 군림하고 탓하는 삶을 살아간다.
4. **자기 부정–타인 부정** : 자신과 타인을 신뢰하지 못하는 생활 자세이다. 삶의 의미를 잃고 살아간다.

감정을 수용하는 말하기 : '거울 말하기'

아이가 자신의 감정을 정확하게 이해하고 표현하기란 쉽지 않습니다. 직접적으로 감정을 표현하는 아이도 있지만, 감정을 잘 드러내지 않는 아이도 있습니다. '기뻐요, 슬퍼요, 화나요'처럼 직접적인 감정 단어를 사용하는 아이는, 아이의 감정을 알아차리고 수용할 수 있을까요?

상담실에서 감정 표현이 어려운 아이를 만날 때면 '반영하기' 기법을 사용합니다. '반영하기'는 내담자의 말과 행동에서 느껴지는 감정을 찾아 반응하는 것으로, 아이가 느끼는 감정을 확인하여 마치 '거울'처럼 아이에게 말로 되돌려주는 기법입니다. 부모와 아이의 관계에서도 이 기법을 적용하여 아이의 감정을 수용하는 대화를 할 수 있습니다.

> '친구가 전학을 가서 학교 가기 싫어요'
> '친구들이랑 게임 하다가 저만 계속 져서 혼자 집에 갔어요.'
> '제발 학교 시험이 사라졌으면 좋겠어요'

Level 0. 거부적 말하기	그 친구는 없지만 그래도 학교는 가야지. 게임에서 졌다고 혼자 집에 가버리면 어떡해. 시험이 어떻게 사라지겠어. 열심히 공부해야지.
Level 1. 앵무새 말하기	친구가 전학을 가서 학교에 가고 싶지 않구나? 게임에서 계속 져서 혼자 집에 갔구나? 학교 시험이 사라졌으면 좋겠구나?
Level 2. 거울 말하기	친구가 전학을 가서 마음이 슬프겠어. 게임에서 계속 지니까 그때는 화가 났겠네. 시험 치는 게 부담스러운 마음이구나.

거부적 말하기는 아이의 말에서 '감정 정보'가 아닌 '내용 정보'에 초점을 맞추어 이야기합니다. 부모가 아이의 감정을 확인하지 못하거나, 감정이 느껴짐에도 그것을 차단할 때 발생하는 대화입니다. 부모와 거부적 말하기를 주고받은 아이는 자신의 감정을 탐색하기 어렵고, 대화가 단절되며 부모와의 관계가 나빠질 수 있습니다.

앵무새 말하기는 아이에게 관심과 공감을 표현할 수 있습니다. 하지만 아이의 '감정'이 아니라 표면적인 '말'을 되돌려주는 것으로 감정을 수용하는 수준에는 미치지 못합니다.

거울 말하기는 아이의 말에서 느껴지는 감정을 말로 되돌려주는 대화입니다. 아이는 자신이 느끼는 감정이 무엇인지 명확하게 이해하는 감정 탐색을 할 수 있습니다. 그리고 자신이 부모로부터 이해받고 있다고 느끼게 됩니다. 거울 말하기는 부모가 아이의 감정을 의심하지 않고 있는 그대로 수용하고 존중하는 정서적 지지 과정입니다.

감정을 방해하는 말하기 : '왜?' 질문하기

아이의 '왜?' ≠ 부모의 '왜?'

아이와 대화하다 보면 부모는 '왜' 질문의 함정에 빠질 때가 있습니다. 부모는 아이를 좀 더 이해하고 싶은 마음에 '왜 그랬어?', '왜 그런 말을 하는 거야?', '왜 슬펐니?' 등 아이의 말과 행동, 감정에 대한 이유를 물어보는 질문을 합니다. 하지만 이 질문들이 오히려 아이의 마음을 닫게 만들기도 합니다. 이것이 '왜' 질문의 함정입니다.

상담 장면에서도 '왜?' 질문은 신중하게 사용합니다. 아이가 위기에 처한 상황이나 갈등과 분쟁 등 아이에게서 정확한 정보를 확인해야 하는 경우를 제외하고, 최대한 '왜' 질문은 지양합니다. 상담자의 의도와는 다르게 아이는 자신에게 잘못을 지적하거나 비난하는 것으로 생각할 수 있기 때문입니다.

부모가 정말 아이의 말과 행동 그리고 감정에 대한 이유가 궁금해서 '왜 그랬니?'라고 질문하더라도 아이는 '지금 내가 무언가 잘못했구나'라고 받아들일 수 있습니다. 심리적으로 위축된 아이는 대화에 소극적인 태도를 보이거나 대답을 회피하거나, '잘못했어요'라고 대답만 반복하기도 합니다. '왜' 질문을 들은 아이는 감정보다는 사고에 초점을 맞추게 되어, 감정 수용을 가로막고 아이가 자신의 감정을 탐색하는 데 도움이 되지 않습니다.

'왜 우니?' ▶ '눈물이 나는 이유가 뭘까?'
'왜 짜증 내?' ▶ '짜증이 난 이유를 물어봐도 될까?'
'왜 그래?' ▶ '네 생각이 궁금해'

아이의 감정을 다루기 위해서는 '왜' 질문 대신 '이유' 질문으로 대체하면 어떨까요? 부모의 머릿속에 '왜?'라는 물음표를 잠시 내려놓고 '이유가 뭘까?'라고 말하게 되면, 부모는 말의 호흡이 길어지고 아이에게는 생각할 수 있는 여유가 생겨납니다. 작은 변화로 아이의 감정을 더 이해할 수 있고, 부모와 아이가 긍정적인 관계를 유지할 수 있습니다.

상담교사의 작은 상담실

Q 아이의 엉뚱한 감정도 수용해야 하나요?

A 아이가 감정 표현이 서툰 경우에는 상황에 적절하지 않은 감정을 표현하기도 해요. 상담실에 계속 지각하는 아이가 찾아왔을 때, 그 아이는 학교가 재미없다며 '지루하다' 감정 카드를 뽑더군요. 그리고 상담 중에 그 아이가 친구들 이야기를 할 때면 표정이 굳고 시선이 내려가는 등 의기소침한 모습을 발견했어요. 그 아이에게 '사실은 친구들과 어울리지 못해서 고민이구나?'라고 말하며 '속상하다.' 감정 카드를 골라 아이의 진짜 속마음을 반영해 준 일이 있었어요. 아이들의 표정과 몸짓 등 비언어적 표현을 통해 감정 힌트를 찾아보세요. 스무고개 퀴즈처럼 '심심했니? 쓸쓸했니? 외로웠니?' 질문하며 아이의 숨겨진 감정을 함께 찾아가는 것도 감정을 수용하는 과정이라고 생각해요.

만약 아이가 보편적인 상식이나 도덕적 범위를 벗어난 감정을 표현한다면 무조건적 수용이 아니라 바람직한 감정을 설명해 주어야 해요. 예를 들어 '병아리가 갑자기 죽어서 심심해요.', '1등으로 달리던 친구가 넘어지니까 솔직히 기뻤어요' 등 생명을 경시하는 태도나 타인의 불행에 공감하지 못한다면 단호한 태도로 그것은 적절한 감정이 아님을 설명해야 해요. 기준이 없는 무조건적 감정 수용은 아이의 건강한 마음 성장에 도움이 되지 않아요. 오히려 타인에게서 지적이나 거절 받는 것에 대한 민감도를 높일 수 있어요.

Q 아이가 감정 표현을 하지 않아서 고민이에요.

A 어떤 이유로 아이가 감정을 잘 표현하지 않는지 확인이 필요할 것 같아요. 아이에게 원하는 만큼 부모님도 감정을 표현하지만, 아이가 감정을 표현하지 않는다면 ①아이와 부모님의 감정 표현 방법이 다르거나 ②아이에게 심리적인 문제가 발생했거나 ③아이가 부모님 앞에서만 감정을 표현하지 않을 수도 있어요.

①의 경우에는 아이와 부모님의 성향 차이로 서로의 표현 방식을 이해하지 못하고 있을 수 있어요. 서로의 성향을 알아보는 시간을 가져보세요. ②의 경우에는 전문가의 도움을 받아 아이의 심리적 상태에 대해 정확하게 확인할 필요가 있어요. ③의 경우에는 아이가 또래 관계에서는 자신의 감정을 잘 표현할 수도 있습니다. 이럴 때는 가족 간 관계를 점검하고 가족이 함께 보내는 시간을 늘려 긍정적인 가족관계를 위해 노력해 주세요.

만약 부모님이 평소에 감정을 잘 표현하지 않는 경우, 아이가 감정을 학습하는 모델이 부재하여 적절한 감정 표현을 보고 배우지 못해요. 이 상황에 놓인 아이는 자신의 감정을 탐색할 기회를 잃게 되어 심리적 문제가 발생할 가능성이 높아요. 자신뿐만 아니라 다른 사람의 감정을 이해하지 못해 사회적 관계를 형성하기도 어려워요. 아이의 마음 성장을 위해서는 부모님께서 먼저 일상에서 감정 표현을 보여주는 노력이 필요해요. 감정은 전염되기 때문에 부모님이 먼저 긍정적인 감정을 자주 표현한다면 아이도 어느새 긍정적인 감정을 많이 느끼고 익힐 수 있어요.

마음 놀이 9   오감으로 표현하는 나의 감정

아이의 오감으로 감정을 표현하는 방법을 소개해요. 아이가 좋아하는 과자, 계절마다 달라지는 자연물을 활용해 다양한 감정을 표현해 보세요. 감정을 손으로 만지고 눈으로 바라보며 감정 표현에 대한 부담이 줄어들고 자유로운 감정 표현이 가능해요.

과자로 감정 그리기

준비물	다양한 과자, 쟁반, 초콜릿 펜
놀이 인원	2명 이상
놀이 방법	① 부모가 먼저 과자를 활용해 표정을 만들고 감정을 설명해요. ② 아이에게 만들고 싶은 감정이 무엇인지 물어봐요. ③ 아이가 자유롭게 감정을 표현하도록 도와줘요. Tip. 초콜릿 펜을 사용하면 좀 더 섬세한 표정 그리기가 가능해요.
놀이를 통해	감정 표현에 흥미를 높일 수 있어요. 오감을 활용하여 자유롭게 감정 표현을 할 수 있어요.

자연과 함께하는 감정 표현 놀이

준비물	계절마다 달라지는 자연물
놀이 인원	2명 이상
놀이 방법	① 아이와 공원 등 자연이 함께 하는 공간으로 가요. ② 부모가 자연물로 표정을 만들고 감정을 설명해요. ③ 아이가 자유롭게 감정을 표현하도록 도와줘요. Tip. 봄에는 꽃과 나뭇잎, 여름에는 모래와 조개껍데기, 가을에는 낙엽과 솔방울, 겨울에는 눈과 나뭇가지를 이용할 수 있어요.
놀이를 통해	감정 표현에 흥미를 높일 수 있어요. 오감을 활용하여 자유롭게 감정 표현을 할 수 있어요.

| 마음 놀이 10 | 오늘 감정도 안녕? |

준비물	가족사진, 자석 테이프, 가위
놀이 인원	2명 이상
놀이 방법	① 가족사진을 꺼내 가족의 얼굴을 동그랗게 잘라요. ② 잘라낸 얼굴 뒤에 자석을 붙여요. ③ 감정 날씨 활동지를 잘라 온 가족이 볼 수 있는 곳에 붙여요. ④ 가족이 오늘 느낀 감정에 자기 얼굴을 붙여요. ⑤ 서로의 감정을 확인하고 이야기를 나누어요. Tip. 활동지는 냉장고나 현관문 등 자석이 붙을 수 있는 곳에 붙여요.
놀이를 통해	일상에서 간단한 방법으로 감정을 표현할 수 있어요. 가족이 자연스럽게 감정을 나누는 습관을 만들 수 있어요. 아이는 부모와 감정을 공유하며 감정에 대한 해소(정화)를 경험해요.

아이랑 마음 소통

- 놀이 중 아이와 대화해 보세요.

"오늘 감정 날씨는 맑음이구나! 좋은 일이 있었니?"
"오늘 감정 날씨는 번개가 치는구나. 혹시 무슨 일이 있었는지 말해줄 수 있어?"
"오늘 엄마(아빠)는 너에게 화를 내고 마음에 비가 왔어."

3. 마음의 주인이 되어요: 마음이 성장하는 감정 조절

아이의 마음 성장에 가장 중요한 단계는 감정 조절입니다. 감정을 조절한다는 것은 자신의 감정을 이해하여 사회적으로 바람직한 형태로 유연하게 반응하고 대처하는 능력을 기르는 일입니다. 감정 조절이 어려운 사람은 폭발하는 자신의 감정에 휩쓸리기 쉽습니다. 순간의 감정에 따른 말과 행동으로 자신과 타인에게 마음의 상처를 남기기도 합니다. 이미지를 상상해보세요. 떠오르지 않나요?

감정을 조절하는 사람 이미지를 상상하면, 화가 나거나 슬퍼도 참고 견디는 모습을 떠올릴 수 있습니다. 하지만 이는 감정 '억압'에 가깝습니다. 프로이트는 '억압'을 자아를 보호하기 위한 방어기제의 일종으로 설명했습니다. 감정을 억누르고 숨기면 표면적으로는 차분하고 성숙한 사람으로 보일지도 모릅니다. 하지만 건강한 방법으로 감정을 해소한 것이 아니기 때문에 그때의 감정이 꿈이나 신체 증상 등 다른 형태로 나타나기도 합니다. 감정은 마음속에 숨긴다고 사라지지 않습니다.

Sigmund Freud

정신분석학 – 방어기제 '억압'

- **방어기제란?** 받아들이기 힘든 심리적 어려움에서 자신을 보호하기 위한 일종의 대처 방법이다.
- **억압** : 자신이 수용하고 인정하기 힘든 감정이 떠오르는 것을 의식적으로 통제하는 것이다.

'표현되지 않은 감정은 사그라지지 않는다.
감정이 살아서 묻히면
나중에 생각지 못한 방법으로 다시 나타난다.'

감정 조절은 나의 감정을 '사회적으로 바람직한 형태'로 반응하는 것입니다. 예를 들어 분노가 폭발하는 일이 발생했을 때, 욕을 하거나 타인을 때리는 행동은 사회적으로 수용되기 어렵습니다. 대신 깊은 심호흡이나 잠깐 눈을 감고 생각하는 행동으로 분노를 조절할 수 있습니다. 즉 감정을 조절은 나의 감정을 정확하게 이해하고, 이것을 표현할 바람직한 말과 행동을 '선택'하는 것입니다.

현실치료 창시자 글래서는 선택이론을 통해 누구나 자기 삶의 주인이 될 수 있고, 인간의 생각과 행동은 스스로 통제할 수 있음을 설명합니다. 만약 많은 사람 앞에서 발표하는 상황이라면 긴장감을 느끼고 손이 떨리는 반응은 나의 의도대로 통제하기 어려울 것입니다. 하지만 '도망가고 싶다'라는 생각 대신 '실수해도 괜찮다'라는 생각을, '포기하는 행동' 대신 '기지개를 켜는 행동'을 선택한다면 긴장감과 몸의 떨림이 줄어드는 것을 느낄 수 있습니다.

이처럼 감정 조절은 스스로 감정의 주인이 되는 일입니다. 감정 조절을 배우고 행하는 것은 곧 아이의 자기 조절 능력과 연결됩니다. 자기 조절 능력이 탁월한 아이는 높은 학업적 성취를 기대할 수 있고, 원만한 대인관계를 형성할 수 있으며, 주체적인 삶을 실현할 수 있습니다.

William Glasser

현실치료 – 전행동

우리가 행동하는 모든 것이 전행동이며 이것은 네 가지의 요소, 즉 행동하기, 생각하기, 느끼기, 생리적 반응으로 구성된다.

- **활동하기**: 통제 가능
- **생각하기**: 일부 통제 가능
- **느끼기**: 통제 불가능
- **생리적 반응**: 완전히 통제 불가능

'우리의 행동을 통제할 수 있는 유일한 사람은 우리 자신이다.'

감정 조절이 어려운 이유와 부모의 역할

아동기는 감정을 담당하는 변연계[5]나 고차원적 인지 기능을 담당하는 전두엽[6]이 완전히 발달하지 못해 감정 조절이 어려울 수 있습니다. 또한 유전적 요인으로 감정 인식이 선천적으로 어려운 예도 있습니다. 아이의 감정 조절 능력에 큰 영향을 미치는 것은 환경적 요인입니다. 부모의 바람직한 양육 방식과 사회적 관계와 같은 아이의 정서 발달에 필요한 자원이 충분할 때, 아이가 감정 조절 능력을 증진할 수 있습니다.

아이의 감정 조절 능력을 키우기 위한 부모의 역할 첫 번째는 아이에게 감정 조절의 중요성에 대해 합리적인 설명을 하는 것입니다. 감정 조절은 타인과 관계 맺는 방법을 배우는 것입니다. 아이가 생각하는 또래 관계에 대한 가치를 확인하고, 원만한 또래 관계를 형성하기 위해 감정 조절이 필수적임을 설명합니다.

두 번째는 감정 조절에 도덕적인 가이드를 설정하는 것입니다. 아동기는 도덕적 관념을 형성하는 시기입니다. 자신의 감정을 해소하는 것만 생각하고 타인에게 상처를 주는 등 피해를 주어서는 안 된다는 것을 분명히 알려주어야 합니다. 부모는 아이에게 단호한 태도로 폭력적인 행동, 자기 파괴적인 행동, 타인을 괴롭히는 장난 등을 제한하며 적절한 감정 표현의 범위를 안내합니다.

세 번째는 부모가 감정 조절을 잘하는 모델이 되는 것입니다. 아이에게 부모는 사회적 학습 모델입니다. 아이는 부모가 감정을 조절하는 모습을 모방하며 학습하기 때문에, 부모의 감정 조정 능력이 아이의 감정 조절 능력에 많은 영향을 미치게 됩니다. 부모는 아이에게 바람직한 감정 조절을 하는 모습을 보일 수 있도록 노력합니다.

---

5) 대뇌피질과 뇌량 그리고 시상하부 사이의 경계에 있는 부위이다. 감정, 행동, 동기부여, 기억, 후각 등의 여러 가지 기능을 담당한다.
6) 대뇌반구 일부로 중심구보다 전방에 있는 부분으로 기억력·사고력 등의 고등행동을 관장한다.

마음 놀이 11 : 나의 감정 조절 Check list

준비물	볼펜
놀이 인원	2명 이상
놀이 방법	① 감정 조절 점검표에, 평소에 사용하는 감정 조절 모델을 찾아 표시해요. ② 부모와 아이의 감정 조절 방법이 닮았는지, 다른지 확인해요. ③ 만약 이밖에 다른 감정 조절 방법을 사용한다면 아래에 적어요. ④ 아이와 감정 조절 방법에 관해 이야기를 나누어요.
놀이를 통해	아이와 부모의 감정 조절 방법을 확인할 수 있어요. 바람직한 감정 조절 방법을 배우고 나만의 감정 조절 전략을 탐색할 수 있어요.

	불편한 감정이 느껴질 때 나는?	부모	아이
1	불편한 감정을 참고 애써 좋은 감정을 떠올리려 노력한다.		
2	감정을 잊기 위해 일찍 잠을 자려고 노력한다.		
3	혼자 감정에 대해 생각하는 시간을 가진다.		
4	불편한 감정을 그대로 충분히 느껴본다.		
5	충동적으로 물건을 던지거나 발로 찬다.		
6	혼자 또는 다른 사람에게 소리를 지르거나 욕을 한다.		
7	친한 친구나 가족과 이야기하며 감정을 해소한다.		
8	좋아하는 음식을 먹거나 취미 활동을 한다. (운동, 노래, 춤 등)		
9	명상이나 산책하며 마음을 가라앉히려 노력한다.		
10	일기장이나 SNS에 떠오르는 감정을 글로 적는다.		
11	불편한 감정의 원인을 찾아 해결 방법을 생각한다.		
12	부정적인 생각을 긍정적으로 바꾸기 위해 노력한다.		

- 나만의 감정 조절 방법 :

  1~2 : 감정을 회피하기
  3~4 : 감정에 머무르기
  5~10 : 행동으로 감정 해소하기
  11~12 : 인지적으로 감정 전환하기

🙋 아이랑 마음 소통

- 감정 조절 방법을 확인하고 아이와 대화해 보세요.
  "엄마(아빠)는 화나거나 짜증 날 때 이렇게 하는데, 너는 이렇게 하는구나?"
  "네가 행복해지는 음식(노래, 운동)은 무엇이니?"

- 아이가 감정을 회피하는 방법을 선택한다면 '감정은 피한다고 사라지는 것이 아니며, 용기를 내어 다양한 방법으로 감정을 마주할 때 더욱 성장할 수 있음'을 가르쳐주세요.

- 5, 6번처럼 아이가 자신이나 타인을 위험하게 하는 등 건강하지 않은 방법을 사용한다면 7~9번처럼 건강한 방법으로 정서를 조절할 수 있도록 대체 행동을 가르쳐주세요.

마음 놀이 12 — 비눗방울 호흡법

쉽게 긴장하거나 흥분하는 아이라면 심호흡으로 감정 조절을 훈련할 수 있어요. 호흡법은 이완 훈련 중 하나로 긴장하거나 스트레스를 받는 상황에서 마음의 안정과 평정심 회복에 효과적인 방법이에요. 차분한 환경 속에서 아침에 일어났을 때나 잠들기 전 저녁 시간이 효과적이에요.

준비물	차분한 음악, 부드러운 이불이나 매트
놀이 인원	2명 이상
놀이 방법	① 부드러운 이불이나 매트를 깔고 아이와 함께 편한 자세로 누워보세요. ② 노랫말이 없는 차분한 음악(연주곡)을 들어보세요. ③ 비눗방울 그림을 보고 호흡을 연습해요. 비눗방울을 부는 상상을 하며 방울이 터지지 않도록 조심스럽게 후-숨을 내뱉고(3초간), 다시 숨을 들이마셔요(3초간). ④ 연습 후 눈을 감고 호흡에 집중하여 비눗방울을 불 듯 호흡을 해요. ⑤ 다섯 번 정도 진행한 후, 아이와 소감을 이야기해 보세요. Tip. 호흡법은 아이의 정서 조절뿐만 아니라 부모의 양육 스트레스를 관리하는 데 도움이 돼요. 온 가족이 함께 해보세요.
놀이를 통해	호흡법으로 감정을 조절하는 방법을 연습할 수 있어요. 호흡을 통해 근육과 마음이 이완되는 느낌을 경험할 수 있어요.

아이랑 마음 소통

- 아이가 근육이 이완되는 느낌에 집중할 수 있도록 이끌어 주세요.

1. 안정감을 느끼는 공간을 상상하기 :
"네가 제일 편안한 장소가 어디야? 눈을 감고 그곳에 있다고 상상해 보자"

2. 호흡법 전후로 신체 이완 하기 :
"발가락을 쫙 폈다가 오므려 보자", "손을 쫙 폈다가 주먹을 쥐어보자"

마음 놀이 13 — 행복 상자 만들기

행복을 느끼는 모든 것을 담은 나만의 '행복 상자'를 만들어요. 아이가 부정적인 감정으로 지치고 힘들 때, 행복했던 기억을 언제든 꺼내어 볼 수 있어요. 행복 상자를 채우며 자신의 마음이 성장하는 과정을 확인할 수 있어요.

준비물	A4 크기의 상자
놀이 인원	2명 이상
놀이 방법	① 적당한 크기의 상자를 골라 '행복 상자' 이름을 붙이고 꾸며요. ② 상자 속에 작은 수첩을 넣어 내가 행복했던 순간을 짧은 글로 남겨요. ③ 행복했던 순간이 담긴 사진을 넣어요. ④ 기타 행복을 느낄 수 있는 모든 것을 상자에 넣어요. Tip. 가족이나 친구에게 받은 쪽지나 편지, 여행지에서 산 기념품이나 공연 관람권, 나의 마음에 울림을 주었던 책의 문구, 위로가 되는 노래 가사 등 아이가 행복감을 느끼는 모든 것을 보관해요.
놀이를 통해	아이의 마음속에 많은 긍정적인 감정이 있음을 확인할 수 있어요. 감정 조절에 자신감을 가질 수 있어요.

아이랑 마음 소통

• 놀이 중 아이와 대화해 보세요.

"행복한 기억이 항상 너를 응원하고 있구나"
"행복한 기억을 떠올리면 만약 힘든 일이 있어도 이겨낼 수 있겠어."
"이 물건에 어떤 행복한 기억이 있는지 말해줄 수 있니?"

마음 놀이 14 ── 생각을 바꾸는 '긍정 모자'

생각이 먼저일까요, 감정이 먼저일까요? 심리학자 아들러는 우리의 생각을 바꾸면 감정을 조절할 수 있다고 이야기했어요. 아들러의 단추 누르기 기법을 놀이로 배우며 생각의 변화로 감정을 조절하는 경험을 느껴봐요.

준비물	모자 2개, 포스트잇, 매직펜
놀이 인원	2명 이상
놀이 방법	① 포스트잇에 '긍정 생각'과 '부정 생각'을 적어 각각 모자에 붙여요. ② 긍정 생각 모자를 쓰고 나에 대해 긍정적인 말을 해요. 그때 느껴지는 감정을 이야기해요. (예: 나는 할 수 있어. 나는 내가 자랑스러워) ③ 부정 생각 모자를 쓰고 나에 대해 부정적인 말을 해요. 그때 느껴지는 감정을 이야기해요. (예: 나는 할 수 없어. 나는 내가 부끄러워) ④ 아이는 부정 모자를 쓰고, 부모는 긍정 모자를 써요. ⑤ 아래 상황을 보고 아이는 부정적인 말을, 부모는 긍정적인 말을 나누어요. 그때 달라지는 감정을 느껴봐요. ⑥ 모자를 바꿔쓰고 생각을 바꾸면 감정이 무엇이 달라지는지 확인해요.
놀이를 통해	아이의 마음속에 많은 긍정적인 감정이 있음을 확인할 수 있어요. 감정 조절에 자신감을 가질 수 있어요.

개인심리학 – 단추 누르기 기법

Alfred Adler

단추를 누르는 것처럼 사고의 결정에 따라 감정이 창출된다는 사실을 깨달음으로써 부정적 감정에 지배되지 않고 스스로 감정을 통제할 수 있다.
단추 누르기 기법은 목표는 인간이 감정에 이끌려 가는 수동적인 존재가 아니라 감정을 통제하는 능동적인 주체로 변화하는 것이다.

학교 시험에서 실수로 문제를 틀려서 기대했던 만큼 좋은 점수를 받지 못했다.
- 긍정 모자 : '누구나 실수할 수 있어. 다음엔 더 잘할 거야.'
- 감정 : 편안하다.

- 부정 모자 : '난 정말 바보 같아. 시험을 망쳤으니 다 망했어.'
- 감정 : 좌절하다.

아이랑 마음 소통

- 놀이가 끝나고 아이와 대화해 보세요.

"감정은 내가 생각하는 대로 변하기도 한단다. 네가 좋은 기억을 떠올리면 좋은 감정을 느끼고, 좋지 않은 기억을 떠올리면 좋지 않은 감정을 느끼듯이 사실 나의 감정은 내가 결정할 수 있어."

마음 놀이 15 — 행동을 바꾸는 'FDEP 기법'

심리학자 글래서는 내담자의 효과적인 행동 변화를 위해 상담 기법 'WDEP'를 제시했어요. 자기 행동을 성찰하는 일은 감정 조절 능력을 기르는 데 효과적이에요. 현실치료 기법(WDEP)을 변형한 FDEP 기법으로 감정 조절을 연습해 보세요.

준비물	없음
놀이 인원	2명 이상
놀이 방법	① 아래 예시를 확인하고 순서대로 아이와 대화를 나누어요. ② Feeling – 감정 확인하기 : '그때 기분이 어땠어?', '어떤 감정이었어?' ③ Doing – 나의 행동 바라보기 : '너는 어떻게 행동했어?' ④ valuation – 행동의 효과 평가하기 : '그 행동이 감정 해결에 도움이 되었어?' ⑤ Planning – 효과적인 행동 계획하기 : '너에게 도움이 되는 행동을 다시 생각해 보자' Tip. 아이가 경험한 다양한 갈등 상황에 적용해 보세요.
놀이를 통해	아이의 마음속에 많은 긍정적인 감정이 있음을 확인할 수 있어요. 감정 조절에 자신감을 가질 수 있어요.

현실치료 – WDEP 기법

William Glasser

1. Want 욕구 알아보기
2. Doing – 나의 현재 행동 바라보기
3. Evaluation – 자기 평가하기
4. Planning – 계획하기

쉬는 시간에 친구가 내 필통을 떨어뜨리고 지나갔어요.
기분이 나빠서 친구에게 필통을 던졌어요.
그러니까 친구가 화를 내면서 다른 친구에게 가버렸어요.

부모: 친구가 필통을 떨어뜨리고 지나갔을 때 기분이 어땠어?
아이: 짜증 났어요.
부모: 그래서 너는 어떻게 행동했어?
아이: 친구에게 필통을 던졌죠.
부모: 친구에게 필통을 던지니 어떻게 되었니?
아이: 친구도 저한테 화를 내고 가버렸어요.
부모: 짜증이 나서 필통을 던진 행동이 너한테 도움이 되었어?
아이: 아니요. 친구한테 사과도 못 받고 사이가 나빠졌어요.
부모: 그럼 그때 짜증 난 마음을 어떻게 하면 좋았을까?
아이: 친구한테 필통을 주워달라고 말해야 해요.
부모: 그래. 그러면 친구도 사과하고 짜증 난 네 마음도 나아질 수 있겠네.

마음 놀이 16   **감정을 조절하는 '역할 놀이'**

동화 속 외계인 이드와 슈퍼가 되어보세요. 역할극은 지금까지 배운 감정 이해·표현·조절을 통합적으로 연습할 수 있어요. 다양한 인물의 감정을 마치 자신의 것처럼 느끼고 표현하며 실제상황에서 감정을 조절하는 능력을 기를 수 있어요.

준비물	없음
놀이 인원	2명 이상
놀이 방법	① 아래 대화를 보고 빈칸 ①~④번을 적어요. ② 아이는 이드, 부모는 슈퍼가 되어 역할극을 해요. ③ 대화를 따라 하며 이드와 슈퍼의 감정을 느껴요. ④ 역할을 바꿔서 아이는 슈퍼, 부모는 이드가 되어 역할극을 해요. ⑤ 아이와 ⑤번 질문에 관해 이야기를 나누어요. Tip. 〈외계인과 친구가 되고 싶어!〉를 다시 읽고 아래 빈칸을 채워 보세요.
놀이를 통해	아이의 마음속에 많은 긍정적인 감정이 있음을 확인할 수 있어요. 감정 조절에 자신감을 가질 수 있어요.

〈예고의 마음 능력을 찾기 위해 지구를 모험하는 중 이드와 슈퍼가 이야기를 나누는 상황〉

이드가 강아지 또또처럼 엉덩이를 흔들면서 슈퍼에게 다가가 말했어요.

"슈퍼야 나 봐봐. 또또 인사를 배웠어! 재밌지!"

슈퍼는 마치 풍선이 부풀어 '빵!'하고 터지는 것처럼 큰 소리로 말했어요.

① "_____"

슈퍼의 말에 초승달처럼 웃고 있던 이드의 눈이 점점 일그러졌어요.

② "_____"

슈퍼는 작게 한숨을 쉬며 이드에게 말했어요.

③ "이드야, 나는 지금 _____ 마음이야."

이드도 슈퍼를 바라보고 말했어요.

④ "슈퍼야, 나는 지금 _____ 마음이야."

① 내가 슈퍼라면 이드에게 무슨 말을 할까요?
② 내가 이드라면 슈퍼에게 무슨 말을 할까요?
③ 슈퍼는 어떤 마음일까요?
④ 이드는 어떤 마음일까요?
⑤ 이드와 슈퍼의 마음이 통하기 위해서는 어떻게 대화하면 좋을까요?

아이랑 마음 소통

- 아이와 역할극을 하며 이야기를 나눠보세요.
"이드나 슈퍼처럼 친구와 생각이 달라서 다투었던 경험이 있니?"
"그때 감정은 어땠니? 친구와 화해하기 위해 어떻게 했니?"
"이드와 슈퍼가 어떻게 하면 서로의 마음을 잘 알 수 있을까?"

비밀인데, 사실 나도 외계인이야!

외계인들과 아이들은 운동장에 둘러앉아 이야기를 나누었어요.

"너희는 어떻게 우리 마음을 아는 거야?"

에고가 묻자, 별이가 주위를 살피면서 조심스럽게 작은 목소리로 말했어요.

"비밀인데, 사실 나도 외계인일지도 몰라."

"뭐?! 너도 외계인이라고?"

하늘이가 깜짝 놀라며 두 손으로 볼을 감싸며 말했어요.

별이 얼굴은 먹구름이 가득한 하늘처럼 어두워졌어요.

"우리 엄마 아빠는 내가 말이 안 통하는 외계인 같대.

내 이름은 별이지만…. 난 밤하늘이 무섭거든? 그런데 엄마, 아빠는 내 마음을 몰라.

난 엄마 아빠에게 겁이 많은 외계인일 뿐이야."

별이의 말을 듣고 있던 에고가 갑자기 좋은 생각이 난 듯 눈을 반짝이며 말했어요.

"용감한 별이로 변신하면 돼!"

에고의 말을 듣고 있던 이드가 슈퍼의 손을 잡고 신나는 목소리로 말했어요.

"맞아! 슈퍼야 넌 할 수 있잖아!"

모두가 슈퍼 주변으로 모여들었어요. 슈퍼는 마음이 복잡해졌어요.

"그렇지만 그건 별이의 엄마 아빠를 속이는 거잖아."

별이는 슈퍼의 손을 잡으며 말했어요.

"용감한 나를 보면 엄마, 아빠가 기뻐할 거야. 나를 도와줘!"

슈퍼는 별이 얼굴을 보니 별이의 간절한 마음이 느껴지는 것만 같았어요.

"이번이 정말 마지막이야."

슈퍼가 빙글빙글 돌더니 별이의 모습으로 변신했어요.

"와! 진짜 나랑 똑같이 생겼어! 목소리도 똑같아!"

별이로 변신한 슈퍼와 진짜 별이는 집으로 향했어요. 다른 친구들도 살금살금 따라갔어요.

별이는 슈퍼에게 귓속말로 부탁했어요.

"오늘 엄마, 아빠랑 별자리를 보러 가줘. 난 무서워서 못 가거든. 용감해진 날 보면 엄마, 아빠도 좋아할 거야!"

슈퍼는 고개를 끄덕이고 별이 집 문을 조심스럽게 열었어요.

별이의 반짝이는 눈을 닮은 엄마와, 별이와 똑같은 갈색 머리를 한 아빠가 아무것도 모른 채 슈퍼를 반갑게 맞이했어요.

"별이 왔어?"

엄마가 웃으며 별이를 반겨줬어요. 슈퍼도 얼른 웃는 표정을 따라 하며 말했어요.

"엄마, 아빠! 난 이제 겁쟁이 별이가 아니에요."

"갑자기 무슨 말이야?"

슈퍼는 당당한 표정으로 '하하!' 웃었고, 별이의 엄마와 아빠는 빤히 슈퍼를 바라봤어요.

슈퍼는 더 자신만만한 목소리로 말했어요.

"엄마 아빠! 우리 오늘 별자리 보러 가요! 지금 당장요!"

슈퍼와 별이의 엄마, 아빠는 저 멀리 별이 잘 보이는 <달 공원>을 향했어요.

진짜 별이와 하늘이, 외계인 친구들도 손을 잡고 천천히 뒤를 따라갔어요.

별이가 끝이 보이지 않는 까만 밤하늘을 바라보자, 손과 발이 오들오들 떨렸어요.

별이의 손을 잡고 있던 이드가 말했어요.

"난 새까만 밤하늘이 좋아! 그래야 별이 더 반짝반짝 빛나니까!"

이드의 말에 별이가 히쭉 웃었어요.

<달 공원>에는 밤하늘에 별들이 춤을 추듯 빛나고 있었어요.

그 사이엔 슈퍼와 이드, 에고가 떠나온 우주별도 파랗게 빛나고 있었어요.

슈퍼가 우주별을 보고 손을 흔들며 인사하자, 순간 변신이 풀려버렸어요.

"앗! 어떡해!"

원래 모습으로 돌아온 슈퍼는 어쩔 줄을 몰라 몸이 얼음처럼 굳어버렸어요.

별이의 엄마, 아빠는 슈퍼를 보고 놀라 '꿍!'하고 뒤로 넘어졌어요.

마침 <달 공원>에 도착한 별이가 엄마, 아빠에게 달려갔어요.
"엄마, 아빠 미안해요! 내가 엄마, 아빠를 속였어요."
별이의 엄마, 아빠는 별이를 보고 심각한 얼굴로 말했어요.
"왜 이런 거짓말을 한 거야?"
별이는 당장이라도 도망가고 싶었지만, 용기를 내어 자기의 마음을 말해보기로 했어요.
"나는 겁쟁이라 별자리도 못 보니까…. 겁이 많은 나를 엄마, 아빠가 나를 싫어할 것 같아 그랬어요."
엄마, 아빠는 별이를 따뜻하게 안아주며 말했어요.
"아니야. 밤하늘이 무서울 수도 있지. 사실 엄마도 어릴 때 무서웠어."
"아빠가 네 마음을 알아주지 못해 미안해. 우리는 별이 그대로를 사랑해."
별이와 엄마, 아빠는 쏟아지는 별들 아래서 서로의 마음을 확인했어요.

이드, 에고, 슈퍼가 만난 지구별 친구들은 모두 마음 능력자였어요.

　지구별 친구들의 마음 능력은 자신의 마음을 솔직하게 말하는 것이었어요.
　외계인들은 이제 손을 잡지 않아도 언제나 친구들의 마음을 알 수 있게 되었어요.

"지구별 친구들아, 우리 다음에 또 만나자!"

별이의 일기장에는 우주복을 입은 별이, 하늘이와 외계인 친구들이 그려져 있었어요.
하늘이는 매일 하늘을 보며 외계인 친구들과의 추억을 떠올렸어요.

우주별로 떠난 이드와 슈퍼는 여전히 자주 다투지만, 서로의 마음을 잘 아는 단짝 친구가 되었어요.
에고의 노트엔 지구에서 배운 마음 능력이 빼곡하게 정리되어 있었어요.
외계인들은 자라서 어린 친구들에게 마음 능력을 가르쳐주는 선생님이 되었어요.

아이와 부모가 함께 성장하는 양육 방법

1. 부모가 성장하는 세 가지 마음가짐

(1) 아이와 정서적 독립 준비하기

 아동기 아이를 양육할 때 가장 중요한 부모의 마음가짐은 아이의 '정서적 독립'을 준비하는 것입니다. 아이가 빠른 속도로 성장하는 반면에, 부모는 여전히 아이의 유아기 시간에 머물러 있기도 합니다. 아이와 정서적 독립을 준비하는 첫 시작은 3월, 아이가 초등학교에 입학하는 시기입니다. 이때 교문 앞에서 부모와 아이가 실랑이하는 상황이 많이 벌어집니다. 아이가 분리 불안을 겪듯 부모도 자신의 품에서 아이를 떠나보내는 일이 불안하기만 합니다.

 아이와 부모가 정서적으로 독립한다는 것의 의미는 가족이 서로 '마음의 거리'를 유지하는 일입니다. 마음의 거리가 너무 가까운 가족은 정서적인 벽이 무너져 '너는 나, 나는 너'의 상태로 서로에게 필요 이상으로 관여하게 됩니다. 심리학자 미누친은 구조적 가족치료를 통해 이를 모호한 경계선을 가진 밀착된 가족으로 정의하였습니다.

 부모에게서 정서적으로 독립하지 못한 아이는 진정한 자기에 대해 탐색하는 시간을 갖지 못하고, 심리적 혼란을 겪게 됩니다. 아이가 성장하는 양육을 위해 부모는 자신의 감정과 아이의 감정을 분리하여 인식하고, 아이 스스로 감정을 책임지고 해결 방법을 찾도록 도와주어야 합니다.

구조적 가족치료 – 경계선

- **명확한 경계선(기능적인 가족)** 가족의 개별성과 독립성을 인정하며, 서로 관심과 지지가 있다.
- **경직된 경계선(유리된 가족)** 가족 간 교류가 없는 상태로, 소외감과 거리감을 느낀다.
- **모호한 경계선(밀착된 가족)** 가족의 자율성과 독립성이 무너지고, 서로 지나치게 간섭한다.

Salvador Minuchin

(2) 아이의 성장 가능성을 존중하기

아이가 나보다 더 나은 사람으로 자라길 바라는 마음이, 오히려 아이의 성장을 멈추게 합니다. 부모는 아이 양육에 대한 고민으로 수많은 정보를 흡수하지만, 그럴수록 오늘은 정답이었던 나의 방식이 내일은 오답이 되어 혼란스럽기만 합니다. 사실 아이가 성장하는 양육 방식에 대한 정답은 아이에게 있습니다.

아이는 부모의 믿음으로 성장합니다. 아이의 첫 자전거 타기 연습을 기억하나요? 자전거를 잘 타기 위해서는 앞을 보고 자전거 페달을 굴리는 아이보다, 아이가 넘어질까 걱정하며 자전거에서 손을 놓아야 하는 부모의 역할이 중요합니다. 아이의 자전거가 부모의 손에서 벗어나는 순간 비로소 자전거 타기를 성공할 수 있기 때문입니다. 부모가 아이의 성장을 믿음으로 지켜볼 때, 아이는 스스로 성장할 수 있습니다.

아이는 성장통을 겪으며 자랍니다. 부모라면 누구나 우리 아이가 꽃길만 걷기를 바라지만, 현실적으로 아이가 향하는 모든 길을 꽃으로 채울 수는 없는 일입니다. 심리학자 아들러는 부모의 과잉보호가 아이에게 열등 콤플렉스를 키울 수 있다고 말합니다. 부모가 아이에게 지나치게 포용적이며 허용적인 반응을 한다면, 오히려 아이는 바깥세상에서 겪는 부정적인 경험에 대응하는 힘을 키우기가 어려워집니다. 마음이 건강한 아이로 성장하기 위해서는 아이의 실패와 좌절, 상처와 같은 성장통을 인정하는 부모의 마음가짐이 중요합니다.

(3) 부모의 미해결 과제 확인하기

아이는 늘 부모의 현재 모습을 보며 배우고 성장합니다. 하지만 부모는 나와 닮은 아이를 통해 자신의 과거를 바라볼 때가 많습니다. 아이가 겪는 슬픔이나 상처에 내가 더 아픈 이유는 무엇일까요? 아이에게서 느껴지는 강렬한 감정이 내 마음 깊은 곳에 숨어있던 감정을 떠오르게 하기 때문입니다. 게슈탈트 상담 창시자인 심리학자 펄스는 이러한 심리적 현상을 '미해결 과제'로 설명합니다. 부모가 과거에 해결하지 못한 욕구들이 현재에 출현해 심리적 갈등을 일으키게 되는 것입니다.

부모의 미해결 과제를 확인하는 것은 부모의 마음을 돌보는 일입니다. 많은 부모가 우리 아이의 마음 건강을 위해 많은 관심을 기울이면서도, 정작 부모의 마음을 알아가는 일은 소홀히 합니다. 아이 양육에서 부모의 마음이 힘들 때, 자기 부모의 양육 태도와 원가족 관계, 그리고 어린 시절 경험 등을 탐색하며 현재 감정의 원인을 탐색할 수 있습니다. 하지만 나의 미해결 과제를 알아차리고 해결하는 과정은 긴 시간과 전문적 개입이 필요한 일입니다. 효과적으로 나의 마음을 돌보기 위해 전문가의 도움을 받는 것도 좋은 방법이 될 수 있습니다.

게슈탈트 상담 – 미해결 과제

Fritz Perls

- **게슈탈트** : 자신의 욕구나 감정을 하나의 의미 있는 전체로 조직화하여 지각한 것
- **미해결 과제** : 완결 혹은 해소되지 않은 게슈탈트
  과거에 해결하지 못한 욕구(내가 하고 싶어도 할 수 없었던 것, 말하고 싶어도 말할 수 없었던 것)들이 '짜증, 분노, 의심, 두려움, 죄책감' 등 억압된 감정으로 나타난다. 미해결 과제를 해결하기 위해서는 지금-여기를 알아차리는 것이 중요하다.

상담교사의 작은 상담실

Q 자주 우는 우리 아이를 볼 때면 내 마음이 힘들어요.
A 우는 아이를 볼 때 부모님의 마음이 더 아파서 힘들기도 하고, 오히려 아이에게 화가 나기도 해요. 언제나 씩씩하고 자신감 있는 아이로 자랐으면 좋겠는데, 우리 아이를 보면 걱정도 많아지고 때로는 답답한 마음이 들기도 해요. 아이를 바라보며 부모님의 마음이 더 흔들리는 이유는 무엇일까요?

이런 상황을 해결하기 위해서는 부모님 개인의 심리적인 역동을 이해할 필요가 있어요. 아이가 위축되어 보이는 그 모습은 어쩌면 부모님이 싫어했던 어릴 적 나의 모습일지도 몰라요. 부모님을 똑 닮은 아이를 통해 자기 자신을 바라보고 있는 것이지요.

아이와 상담할 때도 이러한 현상이 나타나기도 해요. 상담자가 내담자에게 심리적 역동을 경험하는데, 정신 분석 상담에서는 '역전이'라는 개념으로 설명해요. '역전이'를 경험하는 상담자는 상담 중에 자신의 무의식에 있던 감정이나 욕구가 떠올라, 그것을 자신도 모르게 내담자에게 표현해요. 부모님과 아이의 관계를 예로 든다면, 아이에게 불쾌한 감정(짜증이나 분노 등)을 표현하거나, 아이의 말을 들어주는 게 힘들어지거나, 아이에게 인정받고 싶어 더 잘해주려 노력하기도 해요.

'역전이'는 효과적인 상담을 방해하기 때문에 상담자는 이를 해결하기 위해 자신을 분석하고 이해하는 노력을 계속해요. 부모님도 당연히 아이를 양육하며 이해하기 어려운 강렬한 감정을 마주할 수 있어요. 그럴 때 회피하지 않고 그 감정의 원인에 대해 깊이 생각해 보는 시간을 꼭 가져보세요. 필요하다면 전문가의 도움을 받는 것을 추천해요.

2. 아이가 성장하는 세 가지 양육 규칙

(1) 아이와 부모 사이에 경계선 긋기

아동기 아이에게는 '친구 같은 부모'보다 '권위 있는 부모'가 더 바람직합니다. 심리학자 미누친은 가족의 위계 구조, 즉 하위체계의 중요성을 강조합니다. 이는 부모-자녀가 지시와 복종의 상하 관계를 만드는 것이 아니라, 부모-자녀 사이에 명확한 경계선을 그어 부모로서 권위를 유지하는 것입니다.

부모-자녀의 하위체계가 무너진 경우, 자녀 중심의 가족이 되어 부모가 권위를 잃고 자녀에게 적절한 지도를 하지 못하게 됩니다. 반대로 과도하게 통제적인 부모의 형태로 자녀와 소원한 관계를 형성할 수 있습니다. 권위 있는 부모가 되기 위해서는 부모가 서로 친밀한 관계를 유지하는 것이 중요합니다. 자녀와 별개로 부부만의 영역을 확보하는 것으로 부모-자녀의 위계 구조를 확립할 수 있습니다.

Salvador Minuchin

구조적 가족치료 - 하위체계

- **부부 하위체계**: 협상과 조정의 과업 수행
- **부모 하위체계**: 자녀 양육, 지도, 통제의 과업 수행
- **부모-자녀 하위체계**: 위계 구조 확립을 위한 권위와 통제 수행
- **형제자매 하위체계**: 연합과 협상, 갈등 조정 등 사회적 기술 연습

(2) 일관성 있는 가족 규칙 만들기

같은 상황에 화를 낼 때도 있고, 안 낼 때도 있나요?
부모가 화가 났을 때 아이를 더 엄격하게 훈육하나요?

부모의 일관성 있는 양육 태도를 통해 아이는 심리적인 안정감을 느낍니다. 반대로 상황에 따라 달라지는 비일관적인 양육은 아이에게 예측 불가능한 환경을 제공하며, 아이는 두려움과 불안, 혼란 같은 다양한 심리·정서적 문제를 마주하게 됩니다.

일관성 있는 양육을 실천하기 위해서는 가족 규칙 세우기가 필요합니다. 가족 규칙은 타당한 기준을 가지고 누구에게나 적용할 수 있는 내용이어야 합니다. 합리적인 가족 규칙을 세우기 위해서는 모든 가족 구성원이 함께 참여해야 하고, 가족이 정한 규칙은 모두가 확인할 수 있는 곳에 붙여두어야 합니다.

심리학자 올포트는 6세부터 12세까지는 합리적 적응체로서 자아가 발달한다고 설명합니다. 이 시기의 아이는 일상적인 문제 해결을 위해 이성과 논리를 적용하기 시작하며, 자신이 생활하면서 경험하는 것에 질문을 붙여가며 이유를 탐색합니다. 그러므로 아이에게 칭찬이나 벌을 줄 때도 일관적인 기준을 갖고 규칙을 세우며, 합리적인 이유를 설명하는 것이 바람직합니다.

(3) 이중 메시지 보내지 않기

부모의 이중 메시지는 아이를 가장 혼란스럽게 하는 대화 방법입니다. 이중 메시지는 다양한 형태로 나타나는데, 언어적 소통과 비언어적 소통이 일치하지 않은 경우와 표면적으로 드러난 메시지 속에 숨겨진 메시지가 있는 경우입니다.

아이의 마음 성장에 방해되는 이중 메시지는 후자, 즉 부모의 말에 두 가지의 내용이 공존하는 형태입니다.

의사 교류 분석 상담을 창시한 에릭 번은 의사소통 유형 중 '숨겨진 교류'로 이중 메시지를 설명합니다. '숨겨진 교류'는 부모가 아이에게 전달하고 싶은 진짜 마음이 있음에도 이것을 숨기고, 표면적으로 다른 메시지를 전달하는 것을 의미합니다. 아래 예시처럼 부모가 아이에게 숙제를 지시하지 않고 '너 알아서 해!'라고 말하면, 아이는 숙제할지, 놀러 갈지 갈팡질팡하며 이럴 수도, 저럴 수도 없는 혼란스러운 마음을 느끼게 됩니다. 이중 메시지는 부모와 아이 사이에 정서적 교류가 일어나지 않기에 아이와 부모의 관계에도 부정적인 영향을 미치게 됩니다.

아이의 마음 성장을 위해서는 부모가 수평선 교류를 실천하는 것이 중요합니다. 부모가 아이의 욕구나 감정을 그대로 인식하고 아이에게 적절한 반응을 전달한다면 서로 마음이 통하는 의사소통이 가능할 것입니다.

의사소통 유형

Eric Berne

- **수평선 교류(상보 교류)** : 갈등이 없는 의사소통
- **어긋난 교류(교차 교류)** : 갈등이 있는 의사소통
- **숨겨진 교류(이면 교류)** : 의도를 숨기는 의사소통

수평선 교류(상보 교류)	어긋난 교류(교차 교류)	숨겨진 교류(이면 교류)
엄마! 나 시험 80점 받았어요! 잘했죠? / 잘했네~ 시험 준비로 힘들었지, 고생했어!	나도 유명한 축구 선수가 될래요! / 그냥 학교 공부나 열심히 하는 게 어때?	아빠, 나 지금 친구 집에 놀러 가도 돼요? / 아까 숙제 있다며? 그런데 논다고? 너 알아서 해!
아이가 기대했던 반응을 얻음	부모가 언쟁, 침묵으로 아이를 무시함	드러난 메시지와 숨겨진 심리적 메시지가 공존함

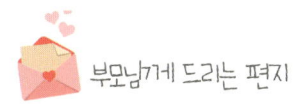 부모님께 드리는 편지

〈사티어 자존감 선언문 : I AM Me〉

이 세상 어디에도 나와 똑같은 사람은 없다.
나에게서 나오는 모든 것은 당연히 나 자신의 것이다.
내가 바로 그 모든 것을 선택했기 때문이다.
나의 몸, 나의 감정, 내가 하는 말, 나의 목소리
이 모든 것의 주인은 바로 나이기 때문이다.

다른 사람에게 하는 행동과 나 자신에게 하는 행동,
이 모든 행동의 주인도 나 자신이다.
나의 환상, 꿈, 희망, 두려움의 주인도 나 자신이다.

나의 성공과 성취, 실패와 실수 또한 모두 나의 것이다.
모든 나 됨의 주인이 나이기 때문에,
나는 나의 모든 부분과 잘 지낼 수 있다.

나는 내 안에 나 자신도 불분명하게 느끼는 부분이나
잘 모르겠다는 부분이 있다는 것을 알고 있다.

그렇지만 내가 나에게 친절하게 대하며 나 자신을 사랑해 준다면,
나 자신에게 잘할 수 있는 용기를 갖게 된다.

이렇게 나에 대해 가지고 있던 의문점들이 해결되면,
나에 대해 좀 더 많은 것을 발견할 수 있다.

내가 세상을 바라보고 또 세상의 소리를 듣고,
어떤 특정한 순간에 내가 하는 말과 행동,
내 생각과 감정은 모두 고유한 나의 것이다.

나중에 내가 보았거나 말했거나 생각했거나 혹은 느꼈거나 한 것 중
어떤 부분이 적절하지 않은 것으로 드러나면,

나는 그 부적절한 것을 버리고 나머지 적절한 부분을 내 것으로 간직하고,
내가 버린 그 부분을 대신할 만한 새로운 방법을 찾아내면 된다.

나는 생존방식을 알고 있어서
다른 사람들과 친밀한 관계를 맺을 수 있으며,
생산 활동을 할 수 있고,
모든 사람과 세상과도 적절한 관계를 맺을 수 있다.

나의 주인은 나 자신이다.
그러므로 나는 나 자신을 잘 돌보고 조절할 수 있다.

⟨게슈탈트 기도문: Gestalt Prayer⟩

I do my thing and you do your thing
나는 나의 일을 하고, 너는 너의 일을 한다.

I am not in this world to live up to your expectations
나는 너의 기대에 부응하기 위해 이 세상을 살아가는 것이 아니며,

and you are not in this world to live up to mine.
너 또한 나의 기대에 부응하기 위해 이 세상을 살아가는 것이 아니다.

I am I, and You are You.
나는 나, 너는 너.

And if by chance, we find each other, it is beautiful.
만약 우연히 우리가 서로를 발견한다면 그것은 아름다운 일.

If not, it can't be helpful.
만약 그렇지 못하다고 해도, 어쩔 수 없는 일.

상담교사의 심리검사 추천

1. 양육 태도 검사(PAI)

부모의 현대 양육 태도를 점검하여, 바람직한 양육 방식에 대한 객관적인 조언을 제공합니다. 부-모 간의 양육 태도 일관성 정도를 파악할 수 있으며, 부모가 생각하는 양육 태도와 아이가 느끼는 양육 태도를 비교하여 확인할 수 있습니다.

2. NEO 성격검사

Costa & McCrae 성격 5 요인에 근거하여 '외향성, 개방성, 우호성, 성실성, 신경증'이라는 다섯 가지 성격 요인을 기준으로 아이의 전반적인 성격을 확인할 수 있는 검사입니다.

3. MBTI 검사(CATi)

심리학자 융의 이론을 바탕으로 두 가지 태도 지표와 기능 지표에 대한 선호도를 밝혀 개인의 성격 유형을 제공합니다. 어린이 및 청소년(초등 4학년~중등)은 CATi를 통해 성격 유형, 학습 지도, 대인관계, 진로 지도에 대한 정보를 확인할 수 있습니다.

4. TCI 검사(JTCI)

아이가 선천적으로 가지고 태어난 기질과 환경에 의해 구성된 성격을 함께 확인할 수 있는 검사입니다. 초등학생의 경우 아동용 JTCI 검사를 주 양육자가 응답하는 형태로 실시합니다. 검사를 통해 사고방식, 감정 양식, 행동 패턴, 대인관계 양상, 선호 경향에 대한 정보를 제공합니다.

5. 아동 강점 검사(SAI, KICS)

긍정 심리학에 기반하여 아이의 강점을 발견하고, 강점을 바탕으로 한 진로 정보를 제공합니다. 강점 검사를 통해 아이의 자긍심을 높여주고 긍정적 상호작용을 촉진하며, 진로 발달을 지원할 수 있습니다.